www.ingramcontent.com/pod-product-compliance
Lightning Source LLC
Chambersburg PA
CBHW071419070526
44578CB00003B/608
9781955768290

9Marks
العلامات التسع / سلسلة الخطوات العشر الأولى

الكتاب المُقدَّس

هل يمكننا أن نثق به؟

أندرو ماثيسون

تحرير السلسلة في الإنجليزية: ميز ماكونيل

CHRISTIAN FOCUS
9Marks
ذهن جديد

© 2019 by Andrew Mathieson.

Originally Published by Christian Focus Publications Ltd., under the title *Bible. Can We Trust it?* Translated by permission. All rights reserved.

9Marks ISBN: 978-1-955768-29-0

اسم الكتاب: الكتاب المُقدَّس. هل يمكننا أن نثق به؟

المؤلف: أندرو ماثيسون

الناشر للطبعة العربية: خدمة «ذهن جديد»

www.zehngadid.org

مسؤول الخدمة: الدكتور/ ياسر فرح

ترجمة: أمير سامي

مراجعة: ساندرا سامح

المطبعة: سان مارك

رقم الإيداع: 2021/20338

الترقيم الدولي: 978-977-90-9515-8

جميع حقوق النشر والطبع محفوظة. يُمنَع إعادة طبع أي جزءٍ من هذا الكتاب، دون إذن خطي مُسبَقٍ من الناشر، كما يُمنَع تخزينه بأي شكلٍ يسمح باسترجاعه وإعادة استعماله. ويُمنَع نقله بأي شكلٍ من الأشكالِ وبأيَّة وسيلةٍ، سواءٌ كانت إلكترونيَّةً، آليَّةً، بالاستنساخِ الفوتوغرافي أو بالتسجيلِ الصوتي وخلافهِ. ويُستثنَى من هذا حصريًّا الاقتباسات القصيرة الموضوعة بين هلالين مع ذكرِ مصدر الاقتباس بالتوثيقِ العلمي.

اقتباسات النصوص الكتابيَّة مأخوذةٌ من ترجمةِ البستاني – ڤاندايك، إلَّا إذا أُشيرَ إلى غيرِ ذلك.

Printed in Egypt

هذا الكتاب من أكثر مواد التلمذة الجذَّابة التي استمتعت بقراءتها. فهو مكتوب بطريقة لاهوتية محددة ودقيقة ووضوح مذهل. فإن مزج وتداخل الحق مع السرد الممتع يُحسِّن من سهولة قراءته. يُمثِّل هذا الكتاب مساعدة رائعة للمتشكِّك والباحث والمؤمن. أرجو أن يتطلَّع المؤلفون إلى كتابة المزيد من المُجلَّدات عن مواضيع في الإيمان المسيحي تساوي هذا الموضوع في جوهريته. فهناك احتياج شديد إليها!

– بول ديفيد ووشر

رئيس خدمة صرخة قلب، رادفورد، فرجينيا

منذ ثلاثين عامًا مضت جلست في قاعة مادة عقيدة الكتاب المُقدَّس في كلية اللاهوت، محاولًا باستماتة أن أفهم الحقائق التي كان يحاول أستاذي أن يوصِّلها. كانت مادة توفِّر تعليمًا ممتازًا، وساعدني المحتوى الذي تلقيته على تجهيزي لثلاثة عقود من الخدمة. وأنا حقًّا ممتن لأجل هذه المحاضرات. ولكن، كنت أتمنى لو أن هذا الكتاب كان متاحًا لي في عام ١٩٨٩. من المنعش جدًّا أن يقرأ المرء كتابًا عمليًّا بمثل هذه الأمثلة التوضيحية النابضة بالحياة حول موضوع معقَّد مثل هذا. ينبغي أن يكون هذا الكتاب قراءة إلزاميَّة لكل طلبة كليات اللاهوت! ما يزيد متعتي بهذا الكتاب أيضًا صداقتي مع أندرو ماثيسون. رجائي أن يصبح هذا كتابًا مسموعًا وأن يتولَّى الكاتب نفسه مسؤولية تسجيله بصوته. سيكون هذا قريبًا من «مقابلة لشريك مع كارل ف. هـ. هنير»

– إد موور

الراعي الرئيسي لكنيسة نورث شور المعمدانية، باي سايد، نيويورك

ينبغي تهنئة هيئة منشورات Focus، و20schemes، والعلامات التسع 9Marks على تعاونهم في سلسلة الخطوات العشر الأولى، لأنهم أخذوا تحدي إعداد مواد مصمَّمة لتجهيز الآتين من خلفيات بعيدة عن الكنيسة بينما يبدأون حياتهم المسيحية بجدية.

والتزامًا بهذه المهمة، ينقسم نص هذا الكتاب الذي يدور حول الكتاب المُقدَّس بشكل مفيد إلى قطع يسهل هضمها وكأنها قضمات صغيرة تطرح أسئلة، وتقدِّم قطعًا صغيرة من التعليم وكذلك أمثلة توضيحية ذات صلة بالمواضيع، ومشاهد من حياة رينيه، وهي مسيحية جديدة من خلفية لم تكن لها علاقة بالكنيسة، وزوجها الذي لم يصبح مؤمنًا بعد ويُدعى راندي. تصميم كل صفحة تقريبًا مختلف قليلًا، وهذا، مع أشكال الخطوط المتنوعة والتباعد بين السطور، يساعد على سهولة قراءة الكتاب.

يغطي هذا المُجلَّد مواضيع مثل أصول الكتاب المُقدَّس، ومصداقيته، وصلته وفائدته لنا اليوم، وبعض مواضيعه الرئيسية، وحقيقة أنه يشير كله إلى يسوع. في حين يساعد هذا الكتاب المسيحيين الشباب الآتين من خلفيات ليس لها علاقة بالكنيسة على فهم بعض من التعاليم العظيمة الخاصة بالكتاب المُقدَّس، إلا أنه يطلعهم أيضًا على بعض التعبيرات الكتابية واللاهوتية العظيمة مثل الإعلان الخاص، والوحي، والمسيَّا، والملكوت، والعهد والبدلية، مما يعدهم بلا شك للمزيد من الدراسة والنمو في فهمهم لإيمانهم الحديث.

— هيكتور موريسون
مدير كلية هايلاند اللاهوتية، دينجوول

لقد أمضيت الاثنتي عشرة سنة السابقة في الخدمة الرعوية محاولًا

أن أصل بالناس إلى معرفة كتبهم المُقدَّسة. مؤخرًا، أدركت أن معرفة الكتاب المُقدَّس لا تهم إن لم يثقوا به. كنت أتمنى لو كان لدي هذا المورد المفيد في بداية خدمتي منذ اثنتي عشرة سنة. إنه مرجع قصير جذَّاب، بسيط بشكل عميق، يظهر فهمًا عميقًا ودقيقًا بشكل لا يُصدَّق، وموجز وشامل أيضًا. لا يمكنني التفكير في نقطة بداية لأي شخص يبدأ رحلته المسيحية (أو ينعش هذه الأُسُس) أفضل من هذا المورد بخصوص مسألة الثقة بالكتاب المُقدَّس! وأنا أتطلَّع لاستعمال هذا الكتاب لسنوات آتية.

– جون أونوكيكوا

الراعي القائد لكنيسة كورنرستون، أتلانتا، جورجيا

المحتويات

تقديم ٧

مُقدِّمة السلسلة ١١

تَقَابَل مع رينيه وراندي ١٥

مُقدِّمة ١٧

الفصل الأول
من أين جاء الكتاب المُقدَّس؟ الجزء الأول (الأصول) ٢٣

الفصل الثاني
من أين جاء الكتاب المُقدَّس؟ الجزء الثاني (القانونية) ٣٧

الفصل الثالث
كيف نتأكَّد من أنه يمكننا أن نثق بالكتاب المُقدَّس؟ الجزء الأول (الوحي) ٥١

الفصل الرابع
كيف نتأكَّد من أنه يمكننا أن نثق بالكتاب المُقدَّس؟ الجزء الثاني (العصمة)... ٦٧

الفصل الخامس
كيف أقرأ الكتاب المُقدَّس؟ الجزء الأول (العهد القديم) ٧٩

الفصل السادس
كيف أقرأ الكتاب المُقدَّس؟ الجزء الثاني (العهد الجديد) ١٠١

الفصل السابع
هل لا يزال الكتاب المُقدَّس ذا صلة بنا اليوم؟ ١١٧

الفصل الثامن
كيف يشير الكتاب المُقدَّس إلى يسوع؟ ١٢٩

تقديم

أهـلًا بكـم، أنـا أنـدرو ماثيسـون، زوج لوريـن، وأبـو تاليـا وسـتيفن، وننتظـر فتـاة صغيـرة أخـرى فـي أثنـاء كتابتـي لهـذا الكتـاب سـتأتي في يونيو ٢٠١٩.

اليـوم، أنـا الراعـي القائـد وزارع كنيسـة لوتشـي المعمدانيـة، فـي دانـدي، اسـكتلندا. ولكـن منـذ أكثـر مـن اثنتـي عشـرة سـنة بقليـل كنـت لاعـب جيتـار نمطـي يسـكن مسـاكن المُشـرَّدين وأُدخِّـن الماريجوانـا، وممتلـئ بأوهـام نويـل جالاجريسـك عـن العظمـة.

تمتَّعت بامتيـاز النمو فـي بيـت مسيحي، فـي جـزء لطيف مـن المدينـة. كان الإنجيـل والأسـفار المُقدَّسـة مألوفيـن لـديَّ فـي شـبابي. ولكـن وقتهـا لـم أرد فعـل أي شـيء بهـم. وبسـبب خطيتـي وعبثـي فـي سـن السـابعة عشـر انتهـى بـي الحـال مُشـرَّدًا، وأخيـرًا وصـل بـي الحـال «أعيـش الحلـم» فـي مشـروع سـكني صغيـر (scheme) يُدعـى هيلهيـد في جلاسـجو باسـكتلندا (Scheme تعبيـر إسـكتلندي يعنـي أمـلاك سـكنية لـذوي الأحـوال الاجتماعيـة المتدنيـة والتـي تعـد مسـكنًا لأكثـر مـن ربـع سـكان اسـكتلندا).

أثنـاء السـنوات التـي عشـتها هنـاك، اسـتمرت أمـي بأمانـة فـي مشـاركة الإنجيـل معـي ودعوتـي للتوبـة والإيمـان بالمسـيح، ولكـن فـي هـذا المُجمَّـع السـكني كنـت أسـمع فقـط اسـم يسـوع يُسـتخدم ككلمـة تعنـي «اللعنـة»، ولـم تكـن لـي أيـة صلـة بالكتـاب المُقـدَّس - ولا أي شـخص آخـر، وهذه مأساة.

في تيموثاوس الثانية ٣: ١٥، نتعلَّم أن الأسفار المُقدَّسة قادرة على منحنا الحكمة للخلاص الذي بالإيمان بيسوع.

دعوني أُعبِّر عن هذا بوضوح، حيثما لا يُسمع الكتاب المُقدَّس هناك فقط يقين بائس بأن النهاية هي الجحيم.

بنعمة اللهُ فقط سمعت الأسفار المُقدَّسة، وتقابلت مع يسوع وخلُصت. لقد قلب حياتي رأسًا على عقب، وأعطاني حبًّا لكلمته وأخذني من مُدخِّن للماريجوانا إلى أن أكون راعيًا للكنيسة.

هذا الكتاب موجود ببساطة، بتعبيرات يقدر الفتيان الذين اعتدت أن أجلس معهم أن يفهموها، ليشرح ماهية الكتاب المُقدَّس، ومن أين جاء، وعمَّا يتكلم.

وأنا أهديه لأمي روث. أشكرك من أجل محبتك لي، وإخباري عن يسوع، وتعليمك لي أن «أتَّكل على الرب بكل قلبي، وألَّا أعتمد على فهمي».

رجائي وصلاتي أن يستخدم الرب هذا الكتاب ليمنح الآخرين محبة تغيِّر الحياة ليسوع وكلمته.

لله وحده المجد.

أندرو ماثيسون
لوتشي، داندي.

مُقدِّمة السلسلة

تساعد سلسلة الخطوات العشر الأولى في إعداد من جاءوا من خلفيَّة لم يحضروا فيها الكنيسة في صغرهم على أخذ الخطوات الأولى في اتِّباع يسوع. نُسمِّي هذا «الطريق إلى الخدمة»، لأننا نؤمن أن كل مؤمن ينبغي أن يتم تجهيزه ليكون خادمًا للمسيح وكنيسته بغض النظر عن خلفيَّته أو خبرته في الحياة.

إن كنت قائدًا في الكنيسة وتقوم بالخدمة في أماكن صعبة، استخدم هذه الكتب كأداة لتساعدك في تنمية من لا يألفون تعاليم يسوع لتجعلهم تلاميذًا جُدُدًا. سوف تُجهِّز هم هذه الكتب لكي ينموا في الشخصية والمعرفة والعمل.

أو إن كنت أنت نفسك جديدًا في الإيمان المسيحي، ولا زلت تصارع حتى تفهم معنى أن يكون المرء مسيحيًّا، أو ماذا يقول الكتاب المُقدَّس فعليًّا، فسيكون هذا دليلًا سهل الفهم بالنسبة لك بينما تخطو أولى خطواتك كتابع ليسوع.

هناك طُرُق كثيرة يمكنك أن تستعمل بها هذه الكتب:

- يمكن استخدامها من قِبَل شخص واحد يقرأ المحتويات ببساطة ويجيب عن الأسئلة بمفرده.
- كما يمكن استخدامها في صورة لقاء بين شخصين، حيث يقرأ الاثنان المادة المكتوبة قبل أن يلتقيا ثم يناقشان الأسئلة معًا.
- كما يمكن استخدامها في صورة مجموعة حيث يُقدِّم القائد المادة في صورة حديث أو عظة، ويتوقَّف عند نقاط معينة للمناقشة داخل المجموعة.

سوف يُحدِّد إعدادك أفضل طريقة لاستعمال هذا الدليل.

دليل المُستَخْدِم

بينما تقوم بالدراسة سوف تصادفك الرموز التالية ...

رينيه وراندي – عند نقاط معيَّنة من كل فصل سوف تتقابل مع رينيه وراندي وتسمع شيئًا عن قصتهما وما كان يحدث في حياتهما. نريدك أن تأخذ ما كنت تتعلَّمه من الكتاب المُقدَّس وتتبيَّن ما الفرق الذي يمكن أن يُحدِثه ما تعلَّمته في حياة رينيه وراندي. لذا متى رأيت هذا الرمز سوف تسمع المزيد عن قصتهما.

توضيح – من خلال أمثلة وسيناريوهات مأخوذة من الحياة الواقعية، سوف تساعدنا هذه الفقرات على فهم النقطة المطلوب إثباتها وتوضيحها.

تَوَقَّف – عندما نصل إلى نقطة هامة أو صعبة سوف نطلب منك أن تتوقَّف وتقضي بعض الوقت في التفكير أو الحديث عمَّا تعلَّمناه للتو. ربما يجيب هذا عن بعض الأسئلة، أو ربما يقودنا هذا إلى سماع المزيد من قصة رينيه وراندي.

آية مفتاحيَّة – الكتاب المُقدَّس هو كلمة اللهُ لنا، وبالتالي يُمثِّل الكلمة الفاصلة بالنسبة لنا في كل شيء علينا أن نؤمن به وكيف علينا أن نسلك. بالتالي نريد أن نقرأ الكتاب المُقدَّس أولًا،

ونريد أن نقرأه بعناية. لذا متى رأيت هذا الرمز عليك أن تقرأ أو تُنصِت إلى الفقرة الكتابية ثلاث مرات. إن شَعَر الشخص الذي تقرأ معه الكتاب المُقدَّس بالارتياح، اجعله يقرأ الفقرة مرة واحدة على الأقل.

آية للحفظ – في ختام كل فصل سوف نقترح آية كتابية للحفظ. لقد وجدنا أن حفظ الآيات الكتابية أمر مؤثِّر بحق في بيئتنا. سوف تتعلَّق الآية (أو الآيات) بشكل مباشر بالمواضيع التي غَطَيْناها في الفصل.

مُلخَّص – كذلك عند نهاية كل فصل وضعنا مُلخَّص قصير لمحتويات هذا الفصل. إن كنت تقوم بدراسة الكتاب مع شخص آخر، ربما يكون من المفيد العودة إلى ذلك المُلخَّص عندما تستأنف محتويات الأسبوع السابق.

تَقَابَل مع رينيه وراندي

تقابلنا مع رينيه منذ سنوات قليلة عندما جاءت إلى خدمة عيد الميلاد التي أقمناها. «فهذا ما تفعله في عيد الميلاد على أي حال»، رينيه جوهرة صغيرة، وسيدة أمينة، يمكنها أن تفعل أي شيء فعلًا لأي شخص. تزوجت راندي منذ سنوات. لديهما أربعة أولاد كلهم بالغون ولديهما سبعة أحفاد. نرى أحفادها كثيرًا في أندية كنيستنا للشباب، وتعتني رينيه بهم معظم الأيام بعد المدرسة وطوال الإجازات الصيفية من المدرسة. في الشهور القليلة الأخيرة صارعت حقًّا مع الأولاد الأكبر سنًّا لأنهم بلغوا سن البلوغ الجنسي. دائمًا ما كان الأولاد وقحين، ولكن مؤخرًا تجاوز أحدهم حدوده، إذ كان يحلف ويدفع مربيته. كان الوضع سيِّئًا جدًّا وتحتَّم على راندي أن يتدخَّل وأن يحل المشكلة. تخبرنا رينيه أن «راندي كان غاضبًا جدًّا، ظننت أنه سوف يضربهم مرة تلو الأخرى».

ذات صباح عانت رينيه من نوبة ذعر وخافت على صحتها وانتهى بها الأمر في غرفة الحوادث والطوارئ. عانت من نوبة قلبية بسيطة، وهذا جعلها تعيد تقييم حياتها. بدأت تفكر في الموت لأول مرة في حياتها. حتى أنها ذهبت للمسؤولين عن الجنازات وحصلت على خطة للتقسيط لتدفع تكاليف جنازتها.

كانت رينيه تعتبر نفسها شخصية روحية. لقد وُلدت في الحقيقة في عائلة كاثوليكية. وقد تناولت العشاء الربَّاني لأول مرة بينما كانت شابة صغيرة، وتزوجت راندي في الكنيسة الكاثوليكية المحلية.

تصف نفسها بأنها «مسيحية أيام الأعياد»، أي أنها تحضر فقط في عيد الميلاد وعيد القيامة.

في الواقع، نحن لا نرى راندي كثيرًا في الكنيسة. أحيانًا يظهر أنه عدائي قليلًا من نحو المسيحيين. وهو لا يخجل أبدًا من مشاركة آرائه! بعد الكثير من الصلاة والمثابرة، بدأ راندي أخيرًا يحضر خدمات مع رينيه، وفي النهاية وصل كلاهما إلى الإيمان بيسوع.

مُقدِّمة

«قصص خيالية»؛ «قصص مختلقة لغريبي الأطوار»؛ «كتاب قواعد شديد التعصُّب»؛ «ليس له صلة بنا وقديم الطراز»؛ «غير دقيق وغير شامل»؛ «دليل إرشادات كيف تساعد نفسك»؛ «كتاب تاريخ مجنون»؛ «غير مثير للاهتمام البتَّة»؛ «كلمة اللهُ».

هذه ردود قليلة سمعتها وتلقَّيتها عندما كنت أتكلم إلى الأطفال والفتيات في لوتشي عن الكتاب المُقدَّس. آراؤهم شيِّقة بالفعل لأن لا أحد منهم سبق وقرأ واحدًا.

ولما يقرأونه؟

من الأسهل بكثير أن نُصدِّق العالم من حولنا وما يظنه بشأن الإيمان المسيحي والكتاب المُقدَّس. أضف إلى هذا الخليط تأثير بعض الكنائس الكاثوليكية التقليدية التاريخية والكنيسة الوطنية الليبرالية، وستصبح لدينا وصفة للتشويش والارتباك. كيف يمكن أن يثق الناس بالكتاب المُقدَّس، بينما:

يتم تعليمهم أن الكنيسة تضع نفسها فوق الكتاب المُقدَّس بصفتها السلطة النهائية؛

الكاهن أو الخادم المحلِّي لا يثق بالكتاب المُقدَّس ولا في مصداقيته؛

يبدو أن قادة الكنيسة الوطنية يجعلون الكتاب المُقدَّس يعني أي شيء يريدونه لكي يحاولوا جعله يتلاءم مع الثقافة الحديثة.

كل هذا التشويش يعني أن الناس في هذه المساكن الفقيرة لديهم بعض الأسئلة عندما يتعلق الأمر بكلمة الله.

هل يمكننا حقًّا أن نثق به؟

من أين يأتي؟

كيف تم تجميعه؟

من قرَّر ماذا يوضع فيه وماذا يُترك؟

ماذا نعني عندما نقول إنه موحى به؟

هل هو صحيح بنسبة ١٠٠٪؟

ما معنى مصطلحات العهد الجديد والقديم؟

ألم يثبت العلم بصفة أساسية عدم مصداقية الكتاب المُقدَّس؟

كانت رينيه لتقول: «ماذا تقصد بأنه يدور كله حول يسوع؟ هذا غير منطقي». مع إنها كانت تقول إنها مسيحية، إلا أنها ظلَّت تصارع مع قصد الكتاب المُقدَّس. «أعرف بعضًا منه. هناك الوصايا العشر، أعتقد أنه ينبغي أن نُجرِّب أن نطيعها. ولكن ما منفعة الباقي بالنسبة لحياتي؟»

ليست رينيه هي الوحيدة التي تصارع مع أسئلة مثل هذه. وهذا الكتاب موجود لكي يجيب على أسئلتها بحيث **يتمكن** الناس في مساكن المُشرَّدين، والأملاك، والمشاريع الإسكانية الفقيرة،

والضواحي ومعسكرات المقاطير السكنية من **أن يكونوا واثقين تمامًا بالكتاب المُقدَّس.**

يستطيعون أن يثقوا بنسبة ١٠٠٪ بالإنجيل الذي يعلنه الكتاب المُقدَّس لنا.

من خلال الكتاب المُقدَّس يمكنهم أن يتوصَّلوا إلى معرفة ومحبة وخدمة يسوع الملك.

كُتبت الرسالة الثانية إلى تيموثاوس، من زنزانة بالسجن، على يد الرسول بولس. كان سيُعدم قريبًا لأجل إيمانه، ولهذا كتب إلى واحد من تلاميذه الشباب، تيموثاوس، لكي يساعده على رعاية كنيسة معيَّنة في مدينة تُدعى أفسس. كان هذا المكان فوضويًّا. كان الناس مشوَّشين من الناحية الروحية. كانوا مسيحيين جُدُد، مثل رينيه وراندي، لا يعرفون شيئًا عن الكتاب المُقدَّس. لذا يُذكِّر بولس هذا الراعي الشاب بماهية الكتاب المُقدَّس، وماذا يفعل وكيف يفعله.

«**وَأَمَّا أَنْتَ فَاثْبُتْ عَلَى مَا تَعَلَّمْتَ وَأَيْقَنْتَ، عَارِفًا مِمَّنْ تَعَلَّمْتَ. وَأَنَّكَ مُنْذُ الطُّفُولِيَّةِ تَعْرِفُ الْكُتُبَ الْمُقَدَّسَةَ، الْقَادِرَةَ أَنْ تُحَكِّمَكَ لِلْخَلاَصِ، بِالإِيمَانِ الَّذِي فِي الْمَسِيحِ يَسُوعَ. كُلُّ الْكِتَابِ هُوَ مُوحًى بِهِ مِنَ اللهِ، وَنَافِعٌ لِلتَّعْلِيمِ وَالتَّوْبِيخِ، لِلتَّقْوِيمِ وَالتَّأْدِيبِ الَّذِي فِي الْبِرِّ، لِكَيْ يَكُونَ إِنْسَانُ اللهِ كَامِلاً، مُتَأَهِّبًا لِكُلِّ عَمَلٍ صَالِحٍ**». (تيموثاوس الثانية ٣: ١٤-١٧)

الكتاب المُقدَّس هو كلمة الله.

يخبرنا بولس في هذه الآيات أن الكتاب المُقدَّس يقدر أن يجعلنا

حكماء للخلاص،

بالإيمان الذي في المسيح يسوع.

كل الكتاب المُقدَّس هو موحى به من اللهِ.

يخبرنا بولس بأنه **كله نافع لنا** لأنه:

يعلِّمنا.

يوبِّخنا.

يقوِّمنا.

يدرِّبنا في البر.

وهذا يعني أن الكتاب المُقدَّس هام جدًّا في حياة الشخص المسيحي، لدرجة أن بولس يخبرنا:

من خلاله نصبح كاملين، متأهِّبين لكل عمل صالح (تيموثاوس الثانية ٣: ١٧).

ما المقصود؟

كتب اللّهُ الكتاب المُقدَّس ليُخلِّص الخطاة.

١ – من أين جاء الكتاب المُقدَّس؟

الجزء الأول (الأصول)

توَقَّف

في رأيك، من أين جاء الكتاب المُقدَّس؟

ربما تكون لديك الكثير من الأسئلة عن الكتاب المُقدَّس، وإن كنت ستؤمن وتثق بما يقول، فهذه الأسئلة بحاجة إلى إجابة. ولكن، قبل أن نصل إلى سؤال من أين جاء الكتاب المُقدَّس، نحتاج أن نسأل:

«لماذا الكتاب المُقدَّس موجود؟»

أنهينا مُقدِّمتنا بقولنا إن الكتاب المُقدَّس هو كلمة الله، وإنه قادر أن يجعلنا حكماء بالنسبة للخلاص، بالإيمان بيسوع المسيح. في المقابل، يجعلنا إذن نافعين ليسوع بينما نعيش حياتنا. دعونا نقضي بعض الوقت في التفكير في هذه الفكرة.

أولًا، **كل الكتاب هو كلمة الله**. يعرِّفنا السطر الأول في الكتاب المُقدَّس على الشخصية الرئيسية، بطل ومؤلِّف الكتاب.

«**فِي الْبَدْءِ خَلَقَ اللهُ السَّمَاوَاتِ وَالأَرْضَ**». (تكوين ١: ١)

تعطينا هذه الآية معلومات هامة وخطيرة. **اللهُ هو الخالق، والحاكم، ومالك** كل شيء. إن تابعنا قراءة هذا الإصحاح الأول من الكتاب المُقدَّس فسنلاحظ شيئًا آخر عن اللهُ.

تَوَقَّف

انظر إلى سفر التكوين الأصحاح الأول، ما هما الكلمتان اللتان نراهما تقريبًا في بداية كل آية؟ (انتبه: عندما يتكرَّر شيء ما في الكتاب المُقدَّس هذا يعني أنه شيء هام).

اللهُ يتكلم. في الواقع، تظهر عبارة «**وَقَالَ اللهُ**» ١٠ مرات في الأصحاح الأول من سفر التكوين.

اللهُ شخص يتواصل.

هو يخلق الكون وكل ما فيه بأن يتكلم.

هذا أمر يهمنا أن نفهمه، لأن طبيعة اللهُ بصفته شخص يتواصل ويعلن عن رغبته في التواصل معنا، إذ إننا أسمى خليقته، هذا يفسر أصول الكتاب المُقدَّس النهائية.

توضيح

عندما كان راندي طفلًا، عمل والده في باحة بناء السفن على نهر كلايد، وكثيرًا جدًّا ما كان يأخذ راندي ليشاهد عملية إطلاق سفينة حربية جديدة من على الرصيف الجاف إلى النهر. وكطفل صغير، وهو يتذكر المشهد العجيب لهذه البوارج الحربية الهائلة ويتساءل كيف صُنعت وجاءت إلى الوجود. ماذا استلزم صُنع واحدة؟ كيف تم

بناؤها؟ في كل صباح كان يزعج والده بهذه الأسئلة. وحتى كطفل، عرف راندي أن معجزة هندسية مثل الفرقاطة البحرية المَلَكية لم تظهر ببساطة من الفراغ، لقد صمَّمها شخص ما وبناها. وفي حالة الفرقاطة، انخرط أشخاص كثيرون في هذه العملية. بمجرد النظر إلى السفينة، تمكن لراندي أن يتعلم الكثير من الأشياء عن هؤلاء البنَّائين الغامضين. علم أنهم مبدعون وأذكياء وماهرون.

نفس الشيء ينطبق على الكون الذي خلقه اللهُ. فهو يعطينا معلومات كثيرة جدًّا عن اللهُ. حجمه وتفاصيله تخبرنا بأن **اللهُ عظيم وذكي** و**قوي** و**حكيم**. يخبرنا جمال وتنوُّع الكون بأن **اللهُ مبدع وفنان وجميل** و**مجيد**.

«**اَلسَّمَاوَاتُ تُحَدِّثُ بِمَجْدِ اللهِ، وَالْفَلَكُ يُخْبِرُ بِعَمَلِ يَدَيْهِ. يَوْمٌ إِلَى يَوْمٍ يُذِيعُ كَلاَمًا، وَلَيْلٌ إِلَى لَيْلٍ يُبْدِي عِلْمًا**». (مزمور ١٩: ١-٢)

لن يقف الكون صامتًا بشأن اللهُ. وإذا نظرنا للجنس البشري فسنتعلم المزيد أيضًا عنه. إذا فكرنا في ذكائنا، وقابليتنا للموت، وضميرنا وعواطفنا نعلم أن اللهُ لا بد وأنه:

صالح

بار

عادل

قريب

مُحِب

عندما نطرح كل هذه المعلومات التي جمعناها من الخليقة معًا نتعلم أن الله هو الخالق الكلِّي القدرة وحاكم كل الأشياء، وأنه صالح، وبار، وعادل، وأننا، بصفتنا خليقته، ندين له بالولاء.

«**إِذْ مَعْرِفَةُ اللهِ ظَاهِرَةٌ فِيهِمْ، لأَنَّ اللهَ أَظْهَرَهَا لَهُمْ، لأَنَّ أُمُورَهُ غَيْرَ الْمَنْظُورَةِ تُرَى مُنْذُ خَلْقِ الْعَالَمِ مُدْرَكَةً بِالْمَصْنُوعَاتِ، قُدْرَتَهُ السَّرْمَدِيَّةَ وَلاَهُوتَهُ، حَتَّى إِنَّهُمْ بِلاَ عُذْرٍ**». (رومية ١: ١٩-٢٠)

تَوَقَّف

في رأيك، بما يخبرنا خلق العالم والجنس البشري عن اللّه؟

إن كانت الخليقة تخبرنا أننا خُلقنا بيد إله كلِّي القدرة وصالح وبار، وإن كانت تخبرنا بأننا ندين له بالولاء، إذن:

لماذا نتجاهله، ونتظاهر بأنه غير موجود ونعيش حياتنا بشروطنا نحن ؟

رينيه

تزعج هذه الأسئلة رينيه، «ماذا تعني بأننا لا نعطي اللّهُ أيَّة أهمية؟ هذا ليس صحيحًا أبدًا! نحن نؤمن بـ اللّهُ. نحن أشخاص صالحون. فقد عمل راندي طول حياته، وقد ربَّيت أولادي حسنًا، كما إنني أعتني بأحفادي! وأذهب إلى الكنيسة وأصلي، بل لقد تناولت الشركة المُقدَّسة! أليس لهذا وزن؟ ألا تتناول أمور الكتاب المُقدَّس تلك بمبالغة شديدة؟»

تَوَقَّف

في رأيك؟

الإعلان العام

يسمِّي معلمو الكتاب المُقدَّس هذه المعلومات التي نستقيها من الطبيعة بـ «الإعلان العام». هذه المعلومات متاحة مجانًا لأي إنسان وضع قدمه على كوكب الأرض. هذا هو السبب في أنه يمكننا القول إن كل إنسان، سواء كان من مشروع إسكان الفقراء في اِسكتلندا أو قبيلة نائية في مكان مجهول، هو **مذنب أمام اللهُ**.

الكل يعرف أنه موجود،

والكل يعرف أننا ندين له بكل شيء،

والكل يعرف أنه ينبغي أن نطيعه،

والكل يعرف أن الدينونة آتية،

ولكن لا أحد يهتم.

تَوَقَّف

بعد أن وصلنا إلى هذا الحد وفهمنا هذه النقاط، هل يمكنك أن ترى الآن إذًا لماذا الكتاب المُقدَّس موجود؟ قدِّم إجابتك مع الشرح.

الإعلان الخاص

الكتاب المُقدَّس موجود لأننا في خطر شديد ونحتاج أن نخلص من الخطر المحدِّق بنا. **الكتاب المُقدَّس هو إعلان اللهُ الطيِّب والرؤوف عن نفسه**، بصفته مُحِب ومُخلِّص الخطاة من خلال شخص وعمل يسوع المسيح. يسمِّي معلمو الكتاب المُقدَّس هذا بـ«الإعلان الخاص». تمدَّنا الطبيعة بما يكفي من المعلومات لنعرف أننا في خطر، ولكن إن كنا سنخلص، فنحن بحاجة إلى أن نعرف أكثر مما تقدر الخليقة أن تعلِّمه لنا بمفردها.

توضيح

«نان، هل يمكننا أن نذهب لصيد السمك عند الكوخ الأسود القديم في عطلة نهاية هذا الأسبوع؟»

قبل أن يتسنَّى لرينيه الفرصة للرد، يتدخل راندي ليرد. «آه، هل تتذكر تلك المرة التي تُهنا فيها بينما كنا ذاهبين إلى الكوخ الأسود؟ لقد كنا في الطريق القديم في طريقنا إلى لوك فاين. أتذكر، كان الوقت متأخرًا، وكان الظلام قد حل، والطقس كان مكفهر على نحوٍ خطير، وأنت يا جاك كنت تئن من البرد. حتى مع وجود خريطة معنا لم نقدر أن نجد المكان. في الواقع، لقد كان الأمر حظ محض أننا وصلنا إلى هناك في النهاية. لم أكن سعيدًا أبدًا برؤية المكان، وخاصة عندما اشتعلت النار في المدفأة وقت تحضير الشاي».

«ولكن يا جدِّي، كان هذا منذ وقت طويل، وقد ذهبنا إلى هناك حتى الآن مرات كثيرة، لذلك فنحن نعرف الطريق. كما أن لدينا خرائط جوجل على هواتفنا على أي حال».

قال راندي ضاحكًا وهو جالس في الركن: «حقًّا؟ في رأيك كم ستكون هواتفك نافعة هناك على التل؟ سوف تقع في المتاعب إن كنت ستعتمد فقط على أدواتك. كيف سيساعدك هاتفك متى بدأت الرياح تهب، والمطر يهطل؟ ستكون تائهًا وتشعر بالبرد ولا توجد شبكة متاحة للهاتف. سينتهي بك الحال تائهًا ووحيدًا في الظلام».

بطريقة ما، كلنا على هذا النحو. حيث نحيا حياتنا وحدنا في الظلام، تسحقنا قوى تفوق قدرتنا على السيطرة أو الفهم، ولدينا فكرة مشوَّشة عن المكان الذي نحب أن نكون فيه، ولكن ليست لدينا فكرة عن كيفية الحصول على الشعور بالأمان. طوال الوقت ليس لدينا دليل من أي نوع يخبرنا عن مقدار الخطر المحدِّق بنا.

هذه صورة للحالة الروحية لكل إنسان في العالم ما لم يخبرنا اللهُ كيف نخلص.

«**سِرَاجٌ لِرِجْلِي كَلاَمُكَ وَنُورٌ لِسَبِيلِي**». (مزمور ١١٩: ١٠٥)

الكتاب المُقدَّس هو نور في الظلام بالنسبة للناس التائهين الضالين. الكتاب المُقدَّس موجود لأن اللهُ طيِّب ورؤوف ومُحِب وعطوف، وهو يريد الناس الذين خلقهم أن يتوبوا ويخلصوا من الخطية والدينونة.

تَوَقَّف

هل تظن أن اللهُ يحب أن يرى الأشرار يموتون؟

«**هَلْ مَسَرَّةً أُسَرُّ بِمَوْتِ الشِّرِّيرِ؟ يَقُولُ السَّيِّدُ الرَّبُّ. أَلاَ بِرُجُوعِهِ عَنْ طُرُقِهِ فَيَحْيَا؟» (حزقيال ١٨: ٢٣)**

الكتاب المُقدَّس هو طريقة اللهُ الرؤوف في توصيل الخلاص للخطاة. كتب راعٍ في أمريكا اسمه كيفن دي يونج هذا الكلام:

«اللهُ يتكلم، وهو لا يتكلم ببساطة حتى يُسمع، وليس فقط لينقل لنا المعلومات التي يقولها، بل هو يتكلم بحيث يمكننا أن في معرفة ما لا يمكننا معرفته وأن نسبر غور ما لا يُسبر غوره. قد تظن أنك رأيت وعرفت كل شيء، وسمعت كل شيء يمكنك سماعه، واختبرت كل ما يمكنك اختباره، لكنك لم ترَ أو تسمع أو تتخيل ما أهدته محبة اللهُ لمن يحبونه. هذه هي أخبار الصليب السارة. هذا هو الخبر السار لمن غُفرت لهم الخطايا وتمتعوا بالفداء. وهذا هو الخبر السار الذي لن نجده في أي مكان آخر إلا في كلمة اللهُ».

الكتاب المُقدَّس هو كلمة اللهُ للإنسان،

إنه إعلانه الطيِّب والرؤوف عن نفسه،

إنه يحتوي على قصة الخلاص،

وهو يعلن لنا أن **الطريق الوحيد الذي يمكننا به نوال الخلاص هو الإيمان بيسوع المسيح.**

تَوَقَّف

الكتاب المُقدَّس هو كلمة اللّهُ، ولكن من كتبه؟

الكتاب المُقدَّس هو في الحقيقة عبارة عن مكتبة متنقِّلة. فهو عبارة عن مجموعة مؤلَّفة من ٦٦ سفرًا، كُتبت على مدار أكثر من ١٥٠٠

سنة على يد أكثر من ٤٠ رجل مختلف، بثلاث لغات: العبرية، والقليل من الآرامية، واليونانية.

الـ ٦٦ سفرًا هم عبارة عن حقيبة تحوي خليطًا من الأساليب والكتابات الأدبية. هناك أسفار تاريخية، سِيَر شخصيات، سلاسل نسب، شرائع وقواعد، عظات، رسائل، كتاب ترانيم، أمثال، أشعار، نبوة، والشيء المثير للانتباه دائمًا الأدب رؤيوي. برغم هذه الاختلافات في الأساليب، كل هذه الأسفار تعلن عن نفس الإله وتخبر عن نفس إنجيل يسوع المسيح.

يبدأ الكتاب المُقدَّس بقصة الخلق وتمرُّدنا على اللهُ في سفر التكوين الأصحاحات ١-٣، ثم يذكر خطوات تكشف قصة الخلاص في يسوع.

ينقسم الكتاب المُقدَّس عامة إلى جزئين:

العهد القديم، والمكوَّن من ٣٩ سفرًا، والذي كتبه أنبياء – رجال مثل موسى، ويشوع، وداود، ودانيال، وعاموس. تمتَّع هؤلاء الرجال بخلفيات فكرية متنوعة، وخبرات حياتية مختلفة، وقد وجَّه اللهُ كل واحد منهم ليسجِّل كلمته. إنهم رجال يخبروننا بقصة شعب إسرائيل، وهو شعب اختاره اللهُ لكي يبارك العالم ويحقِّق الخلاص لشعبه.

الجزء الثاني من الكتاب المُقدَّس، العهد الجديد، مكوَّن من ٢٧ سفرًا، كتبها مجموعة بنفس ذات التنوُّع من الناس، وهم الرسل (شهود عيان على حياة يسوع)، ورفاقهم الذين رافقوهم عن كثب – رجال مثل متى، ويوحنا، ولوقا، وبطرس، وبولس. يخبرنا هؤلاء الرجال بقصة ميلاد وحياة وخدمة وموت وقيامة يسوع الناصري، الملك

المُخلِّص، وتحقيق وعد اللهُ بأن يبارك العالم كله من خلال إسرائيل. يسجِّل هؤلاء الرجال قصة ميلاد الكنيسة، والتي تُعَد الدليل والوسيلة لبركة اللهُ للعالم بتخليصه لشعبه.

في رسالته الثانية، يخبرنا الرسول بطرس عن الطريقة التي أتى بها الـ ٦٦ سفرًا إلى الوجود:

«عَالِمِينَ هذَا أَوَّلاً: أَنَّ كُلَّ نُبُوَّةِ الْكِتَابِ لَيْسَتْ مِنْ تَفْسِيرٍ خَاصٍّ. لأَنَّهُ لَمْ تَأْتِ نُبُوَّةٌ قَطُّ بِمَشِيئَةِ إِنْسَانٍ، بَلْ تَكَلَّمَ أُنَاسُ اللهِ الْقِدِّيسُونَ مَسُوقِينَ مِنَ الرُّوحِ الْقُدُسِ». (٢ بطرس ١: ٢٠-٢١)

في هذه الآيات، يخبرنا بطرس بأن الكتاب المُقدَّس هو كلمة اللهُ وكذلك كلام الناس. إنه يخبرنا بأنه ليس عبارة عن مجموعة عشوائية من كلام فارغ مختَلَق، بل إن الرجال تكلموا وكتبوا ما سمعوه من اللهُ بينما كانوا مسوقين من الروح القدس الذي يوحي إليهم.

تَوَقَّف

إذن، هل كان هؤلاء الرجال الذين كتبوا الكتاب المُقدَّس مثل الإنسان الآلي لدى اللّه؟ في رأيك، ما معنى كلمة «مسوقين من الروح القدس الذي يوحي إليهم»؟

«كُلُّ الْكِتَابِ هُوَ مُوحًى بِهِ مِنَ اللهِ، وَنَافِعٌ لِلتَّعْلِيمِ وَالتَّوْبِيخِ، لِلتَّقْوِيمِ وَالتَّأْدِيبِ الَّذِي فِي الْبِرِّ، لِكَيْ يَكُونَ إِنْسَانُ اللهِ كَامِلاً، مُتَأَهِّبًا لِكُلِّ عَمَلٍ صَالِحٍ». (٢ تيموثاوس ٣: ١٦-١٧)

تخبرنا هذه الآيات أن كل كلمة من الكتاب المُقدَّس، رغم أنها كُتبت بقلم أكثر من ٤٠ رجلًا مختلفًا، إلا أنها موحى بها من اللهُ. بالتالي، نعلم أنه يمكننا الوثوق بها، ولكن هذا يعني أيضًا أنها ينبغي أن تُطاع. سوف نلقي النظر على معنى الوحي بتفصيل أكبر في الفصل الثالث.

رغم أنه يوجد كثير من الكُتَّاب وأساليب الكتابة للكتاب المُقدَّس إلا أنه من الواضح أنه يعلن لنا كل شيء نحتاج أن نعرفه عن اللهُ، وكل شيء نحتاج أن نعرفه حتى نتخلص من خطايانا ونحيا حياة التقوى.

حتى رغم أنه يحوي الكثير من المفاهيم الصعبة والحقائق التي تتحدَّانا، إلا أن رسالته الأساسية هي:

اللهُ هو الخالق الصالح للكون وقاضيه

كل البشر خطاة بالطبيعة والاختيار

كلنا تمرَّدنا على اللهُ

كلنا نستحق غضبه البار المنسكب علينا في جهنم

إلى الأبد

ولكن حمدًا لله أن الأمر لا ينتهي عند هذه النقطة بالنسبة لنا. فهو يعلمنا:

أن اللهُ، بمحبة ولطف لا يمكننا تخيلهما، أرسل ابنه يسوع إلى العالم

ليعيش الحياة التي لم نعشها

حياة كاملة يطلبها اللهُ،

وليَمُت الموت الذي نستحقه

آخذًا على نفسه خطية شعبه وعقابنا،

وأن يسوع قد أُقيم وعاد للحياة لكي ما نتمكن نحن أن نحيا

وأن الخلاص من الخطية والدينونة يأتي من خلال توبتنا والإيمان به.

هذه الرسالة الأساسية واضحة؛ وهي رسالة تتكشَّف في كل صفحة، ويمكن حتى للطفل الصغير أن يفهمها.

الكتاب المُقدَّس يأتي من إله متكلِّم تتمثَّل رغبته المنعِمة في أن يعلن عن نفسه ويخلِّص الخطاة الفاسدين.

إنه كلمته الموحى بها، والتي كُتبت بيد رجال كثيرين على مدى أكثر من ١٥٠٠ سنة لكي يعلن لنا كل ما نحتاج أن نعرفه عن اللهُ والخلاص من الخطية بالإيمان بيسوع المسيح.

مُلخَّص

الكتاب المُقدَّس ذاته هو كلمة اللهُ، المكتوبة بقلم أكثر من ٤٠ كاتبًا أُوحيَ إليهم من اللهُ بواسطة الروح القدس حتى يكتبوا كلمته لنا؛ وهو كفيل بأن يجعلنا حكماء للخلاص، بالإيمان بيسوع المسيح، ثم يجعلنا نافعين ليسوع بينما نعيش حياتنا.

آيات للحفظ

«اَلسَّمَاوَاتُ تُحَدِّثُ بِمَجْدِ اللهِ، وَالْفَلَكُ يُخْبِرُ بِعَمَلِ يَدَيْهِ. يَوْمٌ إِلَى يَوْمٍ يُذِيعُ كَلاَمًا، وَلَيْلٌ إِلَى لَيْلٍ يُبْدِي عِلْمًا». (مزمور ١٩: ١-٢)

ما المقصود؟

الكتاب المُقدَّس
هو كلمة اللّهُ
الكاملة.

٢ – من أين جاء الكتاب المُقدَّس؟

الجزء الثاني (القانونية)

راندي

كانت رينيه تُعِد العشاء بينما جلس راندي على مائدة المطبخ يقرأ جريدته،

«أحتاج أن أعطيك عشاءك مبكّرًا الليلة يا عزيزي. فأنا ذاهبة إلى درس الكتاب المُقدَّس في الكنيسة».

رفع راندي عينيه من على جريدته. «أنت لا تريدين أن تعطي انتباهًا كبيرًا لما تقوله هذه المجموعة، أليس كذلك؟ لقد كنت أشاهد فيلمًا وثائقيًّا هذا الأسبوع، فيلمًا تاريخيًّا، عن أن الكتاب المُقدَّس مكوَّن من مجموعة من الخرافات والأساطير؛ أجزاء صغيرة سرقوها من ديانات مختلفة والناس أخذوها منهم منذ وقت كتابتها. قالوا إن الأمر يبدو كما لو كانوا قد أخذوا أفضل الأجزاء وخلطوها معًا ليصنعوا منها الشيء الخاص بهم. ها أنا أقول لك يا رينيه، كل هذا ما هو إلا هراء».

تَوَقَّف

ماذا تظن؟ في رأيك من أين جاء الكتاب المُقدَّس؟

ليس من العجيب أن راندي مشوَّش الفكر. فقد شاهد الفيلم الوثائقي حيث ادَّعى ضيف الحلقة أن الـ ٦٦ سفرًا المكوَّن منهما الكتاب المُقدَّس قد تم تجميعهما بواسطة مَجمَع سرِّي له أهداف خفيَّة في القرن الرابع. في الحقيقة، بحسب هذا البرنامج التلفزيوني، توجد كتب أخرى تخبرنا بقصة مختلفة وهي تواجه قمعًا من جهة الكنيسة.

تُعرف أيضًا الأسفار الـ ٦٦ سفرًا للكتاب المُقدَّس باسم «الأسفار القانونية». وكلمة قانونية مشتقَّة من كلمة يونانية تعني «عصا القياس». كانت عصا القياس تُستخدم لاختبار ما إذا كان الشيء يتَّفق مع المعايير أم لا. عندما نقول إن شيئًا ما قانوني الآن، فهي فقط طريقة لنقول «إنه متَّفِق مع القوانين أو القواعد».

تَوَقَّف

أتفهم ذلك؟ إنها كلمة غريبة حقًا ولكن القانونية تعني شيئًا متِّفق مع الشرعية أو القوانين. ما الذي يجعل شيئًا يتِّفق مع القوانين؟ ما الذي يجعله محل ثقة؟ هل يمكنك أن تفكر في بعض الأسباب التي تجعل الأسفار الـ ٦٦ للكتاب المُقدَّس مُعتَرَف بها بصفتها تتَّفق مع القوانين؟

هناك خطآن شائعان أو وجهان من أوجه سوء الفهم عندما يتعلق الأمر بالأسفار القانونية. أولهما هو افتراض أنه في وقتٍ ما قرب عام ٩٦ ميلاديًا، عندما كتب الرسول يوحنا سفر الرؤيا على جزيرة

بطمس، سقطت كل الأسفار الـ ٦٦ للكتاب المُقدَّس من السماء وكُتبت وسُلِّمت للكنيسة يوم الأحد التالي، تمامًا كما هي موجودة لدينا اليوم على مقاعد كنائسنا.

الخطأ الثاني هو افتراض أنه حتى القرن الرابع، قرَّر بعض الشيوخ ذوي اللحى ببساطة أن يستبعدوا الكثير من الأسفار من القانونية فقط ليجعلوا الكتاب المُقدَّس يناسب خططهم الخاصة.

تَوَقَّف

في رأيك، ما سر أهمية أن نعرف طريقة جمع الكتاب المُقدَّس؟

توضيح

رينيه تحب لعبة البازل. تحب البازل المكوَّن من ٢٥٠٠ قطعة، وتحب بالذات صور القطط الصغيرة. إنها تشتري الكثير منها ودائمًا ما تبحث عنها في المتاجر الخيرية لتجد منها الرخيص الثمن أو المستعمل. لأكون صادقًا، انزعج راندي من هذا، ومنعها من عمل إطار لتلك الصور وتعليقها في المنزل. إذ قال، «هناك عدد كبير من القطط الصغيرة التي يمكن لرجل واحد أن يحتملها!»

ذات مرة، شعرت رينيه بحب المغامرة، واشترت ثلاث صور بازل دفعة واحدة: مشهد ريفي لطيف، عين لندن، وصورة لسمك الدولفين. كانت تعمل على الثلاثة على مائدة غرفة العشاء عندما دخل الصبية في واحد من مشاجراتهم، فاصطدموا بالمائدة وجعلوا كل ما عليها يطير. اختلطت كل القطع معًا. وإذ أدركوا ماذا فعلوا، جمع الصبية كل القطع وكوَّنوا منها كومة ضخمة في منتصف المائدة. من أين

تبدأ؟ كيف كانت ستفصل بين القطع لتعود كل منها إلى الصندوق الخاص بها؟ قال راندي، الذي لطالما كان جاهزًا بإدلاء رأيه، «لو كنت مكانك كنت سأحاول أن أفعل شيئين: أرى إذا ما كانت الحواف تتلاءم مع بعضها وأرى إذا ما كانت الصور المكوَّنة منها كاملة ولها معنى. عليكِ أن تسألي نفسك: «هل تنسجم القطع معًا؟» و«هل تصنع صورة واحدة مترابطة؟»»

تَوَقَّف

فَكِّر في الكتاب المُقدَّس، الأسفار القانونية. كيف يمكن لمَثَل البازل أن يساعدنا في التفكير في الطريقة التي بها تم تجميع الكتاب المُقدَّس معًا؟

بينما نفكر في الاعتراف بقانونية الكتاب المُقدَّس الصحيحة من المفيد أن نتذكر أن نفس الروح القدس الذي أوحى بالأسفار المُقدَّسة حاضر وعامل عبر الدهور، مانحًا الحكمة والتمييز المطلوبين لفصل الحق عن الباطل. ينبغي أيضًا أن نتذكر أن اللهُ هو رب التاريخ والحاكم صاحب السيادة في كل شيء.

«**اُذْكُرُوا الأَوَّلِيَّاتِ مُنْذُ الْقَدِيمِ، لأَنِّي أَنَا اللهُ وَلَيْسَ آخَرُ. الإِلهُ وَلَيْسَ مِثْلِي. مُخْبِرٌ مُنْذُ الْبَدْءِ بِالأَخِيرِ، وَمُنْذُ الْقَدِيمِ بِمَا لَمْ يُفْعَلْ، قَائِلاً: رَأْيِي يَقُومُ وَأَفْعَلُ كُلَّ مَسَرَّتِي**». (إشعياء ٤٦: ٩-١٠)

لم تتم عملية الاعتراف بالقانونية وتمييزها بيد البشر وحدهم، بل تحققت بواسطة اللهُ من خلال شعبه. إذن، كيف تحقق هذا بالتحديد؟ سوف ننظر إلى هذه العملية في جزئين: أولًا، **العهد القديم**، وثانيًا، **العهد الجديد**.

قانونية العهد القديم

تَوَقَّف

هل تعرف ما هي أول خمسة أسفار من الكتاب المُقدَّس؟

أول خمسة أسفار من الكتاب المُقدَّس هي:

التكوين

الخروج

اللاويين

العدد

التثنية

وقد كتبها رجل يُدعى موسى. موسى هو أهم شخصية في العهد القديم؛ كتاباته هي أساس الأسفار المُقدَّسة. هذه الأسفار الخمسة التي كتبها موسى، مجتمعة، تُعرف باسم التوراة، وهي كلمة عبرية تعني الشريعة. أُعطيت التوراة، أو الشريعة، لموسى مباشرة من اللهُ على جبل يُدعى جبل حوريب في برية سيناء بعدما أنقذ اللهُ شعبه، إسرائيل، من العبودية في أرض مصر.

تَوَقَّف

كم أن هذا جامح! اللهُ بنفسه أعطى موسى الشريعة. في رأيك ما الذي كان يدور برأس موسى في تلك اللحظة؟

ترسم هذه الأسفار الخمسة،

تاريخ العالم من وقت الخلق

مرورًا بالسقوط

بدايات قصة الفداء

دعوة إبراهيم

ميلاد أُمَّة إسرائيل

مجيئهم إلى مصر

الخلاص من العبودية

إعطاء الشريعة عند حوريب

بناء خيمة الاجتماع

تأسيس الكهنوت اللاوي

والرحلة إلى أرض الموعد.

تتكوَّن التوراة من ٦١٣ وصية أعطاها اللهُ لشعبه. تهتم هذه الوصايا بوعد الحياة والبركة للطاعة والأمانة للعهد من ناحية. من الناحية الأخرى، تتكلم هذه الوصايا عن الدينونة واللعنة والموت لعدم الطاعة وعدم الأمانة تجاه العهد.

«فَتَحْفَظُونَ فَرَائِضِي وَأَحْكَامِي، الَّتِي إِذَا فَعَلَهَا الإِنْسَانُ يَحْيَا بِهَا. أَنَا الرَّبُّ». (لاويين ١٨: ٥)

التوراة هامة حقًّا لأن أشخاص كثيرون ممن كتبوا الكتاب المُقدَّس، يشيرون إليها مرارًا وتكرارًا في كتاباتهم.

تَوَقَّف

دعونا نتوقَّف ونفكر في الأمر لأن هناك الكثير مما يجري هنا. في رأيك لماذا يشير كتبة الكتاب المُقدَّس إلى التوراة بهذه الكثرة؟

تُعرَف هذه الفكرة المتمثِّلة في العودة والإشارة إلى التوراة باسم **الانعكاس الذاتي**، وهي إحدى الطرق التي نتعرَّف بها على الأسفار الصحيحة.

عُد بفكرك إلى المَثَل التوضيحي الذي تكلم عن لعبة البازل الذي تجمِّعه رينيه. هل قطع البازل تنسجم مع بعضها، وهل تنتج تلك القطع صورة واحدة مترابطة منطقيًّا؟ بالمثل، ترتبط الأسفار المُقدَّسة ببعضها البعض لتُشكِّل صورة واحدة كاملة.

«إِنَّمَا كُنْ مُتَشَدِّدًا، وَتَشَجَّعْ جِدًّا لِكَيْ تَتَحَفَّظَ لِلْعَمَلِ حَسَبَ كُلِّ الشَّرِيعَةِ الَّتِي أَمَرَكَ بِهَا مُوسَى عَبْدِي. لاَ تَمِلْ عَنْهَا يَمِينًا وَلاَ شِمَالاً لِكَيْ تُفْلِحَ حَيْثُمَا تَذْهَبُ. لاَ يَبْرَحْ سِفْرُ هذِهِ الشَّرِيعَةِ مِنْ فَمِكَ، بَلْ تَلْهَجُ فِيهِ نَهَارًا وَلَيْلاً، لِكَيْ تَتَحَفَّظَ لِلْعَمَلِ حَسَبَ كُلِّ مَا هُوَ مَكْتُوبٌ فِيهِ. لأَنَّكَ حِينَئِذٍ تُصْلِحُ طَرِيقَكَ وَحِينَئِذٍ تُفْلِحُ. أَمَا أَمَرْتُكَ؟ تَشَدَّدْ وَتَشَجَّعْ! لاَ تَرْهَبْ وَلاَ تَرْتَعِبْ لأَنَّ الرَّبَّ إِلهَكَ مَعَكَ حَيْثُمَا تَذْهَبُ». (يشوع ١: ٧-٩)

يستمر هذا النمط بينما تتكشَّف أحداث العهد القديم. حيث يُبنى العهد القديم على أساس التوراة، ويتأمل راجعًا إليها ويرينا الوعود

التي تتكشَّف منها. وإذ يصل الأنبياء إلى المشهد نجدهم يعظون بالشريعة، ويدعون الأُمَّة العاصية إلى التوبة والرجوع إلى الرب، بطاعة وصاياه.

وقد كانت نتائج رفض الشريعة واضحة:

«**لِذلِكَ كَمَا يَأْكُلُ لَهِيبُ النَّارِ الْقَشَّ، وَيَهْبِطُ الْحَشِيشُ الْمُلْتَهِبُ، يَكُونُ أَصْلُهُمْ كَالْعُفُونَةِ، وَيَصْعَدُ زَهْرُهُمْ كَالْغُبَارِ، لأَنَّهُمْ رَذَلُوا شَرِيعَةَ رَبِّ الْجُنُودِ، وَاسْتَهَانُوا بِكَلاَمِ قُدُّوسِ إِسْرَائِيلَ**». (إشعياء ٥: ٢٤)

كذلك الأسفار الشعرية وأسفار الحكمة، مثل المزامير والأمثال، فهي تعكس وتُبنى على التوراة، بينما يتأمل كُتَّابها شكل الحياة في طاعة لكلمة الله، وأيضًا يفكروا في نتائج الخطية.

وهنا أقدم مثلين على هذا:

«**نَامُوسُ الرَّبِّ كَامِلٌ يَرُدُّ النَّفْسَ. شَهَادَاتُ الرَّبِّ صَادِقَةٌ تُصَيِّرُ الْجَاهِلَ حَكِيمًا**». (مزمور ١٩: ٧)

«**تَارِكُو الشَّرِيعَةِ يَمْدَحُونَ الأَشْرَارَ، وَحَافِظُو الشَّرِيعَةِ يُخَاصِمُونَهُمْ**». (أمثال ٢٨: ٤)

الأسفار القانونية في العهد الجديد

بينما ننتقل إلى العهد الجديد، نجد الإشارة مرة أخرى إلى العهد القديم والتأمُّل فيه. في الواقع، يبدأ العهد الجديد بشجرة عائلة يسوع

ويرسمها عائدًا عبر القرون وعبر قصة العهد القديم كله. وهكذا، نقرأ على سبيل المثال في متى ١٢: ١٧، «**لِكَيْ يَتِمَّ مَا قِيلَ بِإِشَعْيَاءَ النَّبِيِّ الْقَائِلِ**».

«**إِنَّه الْيَوْمَ قَدْ تَمَّ هذَا الْمَكْتُوبُ فِي مَسَامِعِكُمْ**». (لوقا ٤: ٢١)

بعد موته وقيامته، تقابل يسوع مع تلاميذه، وإذ كان يقود ما يرجَّح أنه أفضل درس كتاب في التاريخ، أشار إلى العهد القديم بأكمله.

«**وَقَالَ لَهُمْ: هذَا هُوَ الْكَلاَمُ الَّذِي كَلَّمْتُكُمْ بِهِ وَأَنَا بَعْدُ مَعَكُمْ: أَنَّهُ لاَ بُدَّ أَنْ يَتِمَّ جَمِيعُ مَا هُوَ مَكْتُوبٌ عَنِّي فِي نَامُوسِ مُوسَى وَالأَنْبِيَاءِ وَالْمَزَامِيرِ. حِينَئِذٍ فَتَحَ ذِهْنَهُمْ لِيَفْهَمُوا الْكُتُبَ**». (لوقا ٢٤: ٤٤-٤٥)

تشير هذه العبارة، «**نَامُوسِ مُوسَى وَالأَنْبِيَاءِ وَالْمَزَامِيرِ**»، إلى الثلاثة أجزاء التي يتكوَّن منها الكتاب المُقدَّس العبري أو العهد القديم. مرة أخرى، يستمر هذا النمط من التأمُّل والإشارة إلى العهد القديم في كل أجزاء العهد الجديد بينما يشرح الرسل كيف أن يسوع هو المسيَّا ويسعون إلى توجيه الكنيسة لعيش حياة الحكمة.

إذن، ماذا عن العهد الجديد؟ كيف تحقق هذا؟ مَن أو ماذا قرر أي من الأسفار ينبغي أن تكون في العهد الجديد وأيَّها ينبغي ألا يكون؟ مرة أخرى، كما هو الحال مع العهد القديم، التأمُّل الذاتي هو المفتاح لفهم تلك العملية.

في الرسالة الأولى لأهل كورنثوس (كُتبت تقريبًا عام ٥٣-٥٤ ميلاديًّا) نرى بولس يتأمل أحداث عشاء الرب المُسجَّلة في الأناجيل.

وفي نهاية ٢ بطرس ٣، يناقش الرسول بطرس كتابات بولس، ويقر بأنه حتى رغم أن رسائله يمكن أن تكون صعبة الفهم أو قد تمثِّل تحديًا لنا، إلا أن الكنيسة ينبغي ألا تتجاهلها لأنها جزء من الكتاب المُقدَّس.

طوَّرت الكنيسة أربعة معايير لتقرير ما إذا كان ينبغي قبول سفر كجزء من قانونية الكتاب المُقدَّس أم لا.

قديم

رسولي

توافُق

قبول

قديم

هل يأتي السفر من الزمن الصحيح؟

رسولي

هل كتبه واحد من الرسل أو أحد رفاق الرسل؟

توافُق

هل يعلم السفر عقيدة تتَّفق مع باقي الأسفار المُقدَّسة؟

قبول

هل السفر مقبول بصفته جزء من الكتاب المُقدَّس من جانب الكنيسة العامَّة؟

دعونا نلقي نظرة على مثال لكتابة معينة لم تُقبل ضمن قانونية العهد الجديد. في كتاب يُدعى إنجيل توما نقرأ ما يلي: «قال يسوع: عندما تحدثون هذا في أنفسكم، فما لديكم سوف يُخلِّصكم. إذا لم يكن لديكم شيء في نفوسكم، فما تفتقروا إلى وجوده سوف يقتلكم».

الآن قارن هذا مع التعليم الموجود في سفرين مقبولين في القانونية:

«وَأَمَّا مَا يَخْرُجُ مِنَ الْفَمِ فَمِنَ الْقَلْبِ يَصْدُرُ، وَذَاكَ يُنَجِّسُ الإِنْسَانَ، لأَنْ مِنَ الْقَلْبِ تَخْرُجُ أَفْكَارٌ شِرِّيرَةٌ: قَتْلٌ، زِنىً، فِسْقٌ، سِرْقَةٌ، شَهَادَةُ زُورٍ، تَجْدِيفٌ». (متى ١٥: ١٨-١٩)

«لأَنَّ اهْتِمَامَ الْجَسَدِ هُوَ عَدَاوَةٌ ِللهِ، إِذْ لَيْسَ هُوَ خَاضِعًا لِنَامُوسِ اللهِ، لأَنَّهُ أَيْضًا لاَ يَسْتَطِيعُ. فَالَّذِينَ هُمْ فِي الْجَسَدِ لاَ يَسْتَطِيعُونَ أَنْ يُرْضُوا اللهَ». (رومية ٨: ٧-٨)

يُعلِّم ما يسمَّى بإنجيل توما أنه يمكننا أن نُخلِّص أنفسنا بالنظر داخلنا، في حين أن الأسفار الحقيقية تشرح لنا أننا عاجزون بالتمام عن أن نُخلِّص أنفسنا، لأن كل ما يأتي من داخلنا هو شرير. من الواضح أنه يمكننا أن نرى لماذا لم يتم ضم إنجيل توما ليكون جزءًا من القانونية. فالزيت والماء لا يختلطان. قطع البازل لا تنسجم معًا وبالتالي فالصورة الناتجة غير منطقية. نفس الشيء ينطبق على إنجيل مريم المزعوم، أو إنجيل يهوذا، وكل الكتابات الروحية الأخرى التي نشأت بين القرنين الثاني والرابع.

بحلول عام ٣٦٧ ميلاديًّا نجد أول قائمة مكتملة لكل أسفار العهد الجديد الـ ٢٧. ثم في ٣٩٧ ميلاديًّا، في مجمع قرطاج، اعترف اجتماع

مكوَّن من شخصيات هامة من كل الكنيسة وبصورة رسمية بأسفار الكتاب المُقدَّس الـ ٦٦، والذي يعتبر الآن كاملًا ومغلقًا.

مُلخَّص

لا تُصدِّق ما تقرأه على الإنترنت. لا توجد مؤامرة عُظمى ولا أجندة خفية وراء الأسفار القانونية للكتاب المُقدَّس. لقد تم الاعتراف بالأسفار التي يتكوَّن منها الكتاب المُقدَّس لأنها شرعيَّة. أما الأسفار التي تم رفضها فلم تحقِّق المعيار، لأنها إما كذبت بشأن كاتبها، أو أن التواريخ غير متطابقة، والأهم، كذبت بشأن يسوع. يمكننا أن نثق ١٠٠٪ بأن ما لدينا في أيدينا اليوم هو كلمة الله المُعلنة للجنس البشري.

آيات للحفظ

«كُلُّ الْكِتَابِ هُوَ مُوحًى بِهِ مِنَ اللهِ، وَنَافِعٌ لِلتَّعْلِيمِ وَالتَّوْبِيخِ، لِلتَّقْوِيمِ وَالتَّأْدِيبِ الَّذِي فِي الْبِرِّ، لِكَيْ يَكُونَ إِنْسَانُ اللهِ كَامِلاً، مُتَأَهِّبًا لِكُلِّ عَمَلٍ صَالِحٍ». (٢ تيموثاوس ٣: ١٦-١٧)

ما المقصود؟

كل كلمة في
الكتاب المُقدَّس
هي كلمة اللّهُ.

٣ . كيف نتأكَّد من أنه يمكننا أن نثق بالكتاب المُقدَّس؟

الجزء الأول (الوحي)

حتى الآن، بحثنا السؤال من أين جاء الكتاب المُقدَّس، بالإضافة إلى طريقة وسبب الاعتراف بالـ ٦٦ سفرًا التي تتكوَّن منها قانونية الكتاب المُقدَّس. قلنا إن الكتاب المُقدَّس هو كلمة الله الموحى بها، والذي يتكوَّن من هذه الأسفار، المكتوبة بقلم أكثر من ٤٠ رجلًا على مدار أكثر من ١٥٠٠ سنة، لكي ما يعلن لنا كل ما نحتاج أن نعرفه عن الله والخلاص من الخطية بالإيمان بيسوع المسيح.

ولكن ماذا نقصد بالتحديد عندما نقول إن الأسفار المُقدَّسة موحى بها ولماذا يُعَد هذا أمرًا هامًّا؟

تَوَقَّف

في رأيك ما معنى أن نقول إن الكتاب المُقدَّس موحى به؟

«كُلُّ الْكِتَابِ هُوَ مُوحًى بِهِ مِنَ اللهِ، وَنَافِعٌ لِلتَّعْلِيمِ وَالتَّوْبِيخِ، لِلتَّقْوِيمِ وَالتَّأْدِيبِ الَّذِي فِي الْبِرِّ، لِكَيْ يَكُونَ إِنْسَانُ اللهِ كَامِلاً، مُتَأَهِّبًا لِكُلِّ عَمَل صَالِحٍ». (٢ تيموثاوس ٣: ١٦-١٧)

سوف أطلب منك أن تفعل شيئًا سخيفًا، ولكنه سيساعدنا حتى نفهم ما يقصده بولس الرسول عندما يقول: «**كُلُّ الْكِتَابِ هُوَ مُوحًى بِهِ مِنَ اللهِ**».

ضع يدك أمام فمك على بعد بوصة منه وتكلم بشكل طبيعي. لا يهم ماذا تقول، المهم هو أن تشعر بأنفاسك على يدك بينما تتكلم. لا يهم مقدار علو صوتك. بغض النظر عما إذا كنا نهمس أو نصرخ سيُحمَل الصوت من أفواهنا بقوة أنفاسنا. الآن، جرِّب أن تتكلم دون أن تتنفس. هذا مستحيل!

عندما يقول بولس أن الكتاب المُقدَّس موحى به نراه يستخدم كلمة يونانية هي:

ثيوبنيوستوس *Theopneustos*

وهذه الكلمة تعني: متنفس به من الله. بعض نسخ الكتاب المُقدَّس الإنجليزية تترجم هذه الآية: «كل الكتاب زفير الله». بولس يريدنا أن نفهم أن الروح القدس هو الذي منح سلطة كتابة كل كلمة لكُتَّاب الكتاب المُقدَّس، بنفس الطريقة التي تمنحنا بها أنفاسنا القدرة على الكلام.

تَوَقَّف

في رأيك ما سر أهمية أن يكون الكتاب المُقدَّس أنفاس اللّه؟

من المهم أن نفهم هذا لأنه عندما نسمع كلمة «موحى به» تُستخدم اليوم، عادةً ما يكون معناها الدقيق غامضًا تمامًا.

٥ توضيح

رينيـه مـن كبـار المعجبيـن ببرنامـج «Great British Bake Off»، وتشـاهده كل أسـبوع. تضمَّـن هـذا الأسـبوع تحضيـر الكعـك لأحـداث خاصـة، وصنـع واحـد مـن الـم تنافسين كعكـة رائعـة لأميـرة مـن الجنيَّات. كانـت مُصمَّمـة بارتفـاع ثـلاث طبقـات، وكل طبقـة منهـا مُغطَّـاة بالكريمـة المصنوعـة مـن الزبـدة ذات لـون يختلـف عـن الطبقـة الأخـرى، وقـد رُشَّ عليهـا أوراق ذهبيـة وبرَّاقـة، وعليهـا تمثـال جنيَّـة مذهلـة الجمـال مصنوعـة مـن حلـوى السـكر تزيِّـن الطبقـة العلويـة. «آه، ألا يبـدو هـذا رائعًـا، كانـت ديـزي (حفيدتهـا) لتحـب كعكـة مثـل هـذه لعيـد ميلادهـا الأسـبوع القـادم». لـم تصنـع رينيـه أي شـيء مغامِـر كهـذا مـن قبـل، ولكنهـا إذ ألهمهـا مـا شـاهدته علـى التلفـاز، بـدأت فـي صُنـع تصميمهـا الخـاص. بعـد مـرور خمـس سـاعات، بينمـا كانـت تنظـر حولهـا فـي المطبـخ، بـدا تصميمهـا أقـل شـبهًا بكعكـة، ولكنـه أشـبه بجبـل مُغطَّـى برونـز لمـاع متناثـر، وعلـى قمتـه كائـن مُجنَّـح بشـع الوجـه! لقـد ألهمهـا البرنامـج التلفزيونـي، ولكـن مـا انتهـت إليـه كان عبـارة عـن فوضـى.

إننـا نسـتخدم كلمـة «وحـي أو إلهـام» بشـكل فضفـاض للغايـة فـي عالمنـا اليـوم. نتكلـم عـن مقطوعـة موسـيقية علـى أنهـا ملهمـة، ونتكلـم عـن حديـث مـدرِّب كـرة القـدم الملهـم بيـن الشـوطين. نتكلـم عـن طفـل مريـض يلهـم شـخصًا مـا حتـى يجـري ماراثـون لنـدن. فـي كل هـذه الأمثلـة يمكننـا أن نسـتبدل كلمـة ألهـم أو أوحـى بكلمـة دَفَـع أو حفَّـز ولـن يفقـد الـكلام معنـاه. ولكـن هـذا ليـس هـو الحـال مـع ٢ تيموثـاوس ٣: ١٦. فالـروح القـدس لـم يدفـع كتبـة الكتـاب المُقـدَّس ليكتبـوا، بـل تنفَّـس كلمـة اللهُ ذاتهـا مـن خلالهـم.

«عَالِمِينَ هذَا أَوَّلاً: أَنَّ كُلَّ نُبُوَّةِ الْكِتَابِ لَيْسَتْ مِنْ تَفْسِيرٍ خَاصٍّ. لأَنَّهُ لَمْ تَأْتِ نُبُوَّةٌ قَطُّ بِمَشِيئَةِ إِنْسَانٍ، بَلْ تَكَلَّمَ أُنَاسُ اللهِ الْقِدِّيسُونَ مَسُوقِينَ مِنَ الرُّوحِ الْقُدُسِ». (٢ بطرس ١: ٢٠-٢١)

تَوَقَّف

لقد فكرنا في هذا من قبل، ولكن في رأيك ماذا تعني «مَسُوقِينَ مِنَ الرُّوحِ الْقُدُس»؟

في ٢ بطرس ١، يُفسِّر الرسول بطرس وحي الكتاب المُقدَّس بقوله إنه ما من نص كتابي صحيح كُتب بمشيئة الكاتب، بل تكلم أُناسٌ عن اللهُ مسوقين من الروح القدس. تخيَّل يختًا يُبحِر عبر بحيرة، وسوف تحصل على فكرة عما يريد بطرس الوصول إليه. لقد حمل الروح القدس كتبة الكتاب المُقدَّس طوال الطريق كما تحمل نسمات الرياح اليخت وتُحرِّكه عبر البحيرة.

عندما يقول بطرس إن الكتاب المُقدَّس لا يأتي من تفسير الكُتَّاب، فهو يقول إنهم لم يتلقَّوا رسالة غامضة من اللهُ وخمَّنوا معناها. فالكتاب المُقدَّس ليس مكوَّنًا من أفضل تخمينات الرسل والأنبياء عما أعطاهم اللهُ. كلا، فالروح القدس عَمِل فيهم ومن خلالهم لكي يضمن وجود كلمته في الصفحات.

تَوَقَّف

في رأيك ما سر الأهمية البالغة في أن نفهم أن الكتاب المُقدَّس هو كلمة اللهُ فعلًا وأنه ليس كلام اختلقه الناس؟

هكذا يقول الرب

«هكذا يقول الرب» هي عبارة نراها بوضوح وبشكل دائم في كل أنحاء العهد القديم.

« وَبَعْدَ ذلِكَ دَخَلَ مُوسَى وَهَارُونُ وَقَالاَ لِفِرْعَوْنَ: «هكَذَا يَقُولُ الرَّبُّ إِلهُ إِسْرَائِيلَ: أَطْلِقْ شَعْبِي لِيُعَيِّدُوا لِي فِي الْبَرِّيَّةِ»». (خروج ٥: ١)

تَوَقَّف

يُكرِّر كتبة العهد القديم باستمرار عبارة «هكَذَا يَقُولُ الرَّبُّ» في الكتاب المُقدَّس. هل تظن أنهم كانوا يحاولون أن يثبتوا شيئًا ما؟ إن كان كذلك، فما هي النقطة التي كانوا يحاولون أن يثبتوها؟

توضيح

أمسَكَت رينيه بيد حفيدتها وقالت: «كلا! لا تلمسي هذا – كم مرة عليَّ أن أقول لك؟» حتى قبل أن ينظر راندي عرف ماذا فعلت حفيدته. فهي مفتونة بإشعال الفرن ومشاهدة النيران وهي تشتعل فيه. كانت رينيه خائفة لئلَّا تحرق أصابعها. «ألا تنصتي أبدًا! لقد قلت لك مائة مرة على الأقل ألا تلعبي بهذا! اذهبي واجلسي على السلم الآن، أيتها السيدة الصغيرة، قبل أن أضربك على ظهرك».

أحيانًا يمكن أن يُقال لنا شيء ما كثيرًا جدًّا لدرجة أننا نَكُف عن سماع ما يُقال لنا. يُكرِّر كتبة العهد القديم عبارة «**هكَذَا يَقُولُ الرَّبُّ**» أكثر من ٤٠٠ مرة. تخبرنا حقيقة أن كتبة العهد القديم يُكرِّرون هذه

العبارة أن هذا شيء هام حقًّا وينبغي أن ننصت إليه. لقد استخدموها كثيرًا جدًّا لسبب بسيط: كانوا يريدون قُرَّاءهم وسامعيهم أن يفهموا أنهم كانوا ينقلون كلمة اللهُ التي أعطاها لهم بعينها. هذا هو ما يقوله اللهُ وهذا ما يطلبه اللهُ منا. هذه دعوى ملحة وثابتة موجودة في كل أنحاء الكتاب المُقدَّس.

يستميت الكتبة حتى نفهم هذه الحقيقة. **اللهُ يتكلم وعندما يتكلم اللهُ ينبغي أن ننصت!** يخبرنا الكتاب المُقدَّس بأن:

اللهُ هو

الخالق

وضابط الكل

والقاضي البار

وكلِّي القدرة

وكلِّي المعرفة.

إنه ملك الكون. عندما أقول ملك، لا أقصد ملك رمزي كما هو الحال لدينا في أوروبا الحديثة، بل أقصد ملكًا مطلقًا، كلمته قانون، وقدرته لا يُسبر غورها، وحُكمه لا يُنقض ولا يمكن حَدُّه. في سفر دانيال الأصحاح ٤، يقول نبوخذ نصر ملك بابل، واحد من أقوى الملوك في تاريخ العالم، عن اللهُ هذه الكلمات:

«وَعِنْدَ انْتِهَاءِ الأَيَّامِ، أَنَا نَبُوخَذْنَصَّرُ، رَفَعْتُ عَيْنَيَّ إِلَى السَّمَاءِ، فَرَجَعَ إِلَيَّ عَقْلِي، وَبَارَكْتُ الْعَلِيَّ وَسَبَّحْتُ وَحَمَدْتُ الْحَيَّ إِلَى الأَبَدِ، الَّذِي سُلْطَانُهُ سُلْطَانٌ أَبَدِيٌّ، وَمَلَكُوتُهُ إِلَى دَوْرٍ فَدَوْرٍ. وَحُسِبَتْ جَمِيعُ سُكَّانِ الأَرْضِ كَلاَ شَيْءَ، وَهُوَ يَفْعَلُ كَمَا يَشَاءُ فِي جُنْدِ السَّمَاءِ وَسُكَّانِ الأَرْضِ، وَلاَ يُوجَدُ مَنْ يَمْنَعُ يَدَهُ أَوْ يَقُولُ لَهُ: «مَاذَا تَفْعَلُ؟»» (دانيال ٤: ٣٤-٣٥)

إن كان أقوى ملك على الكوكب قد أدرك واعترف بعجزه أمام ملك الكون، إذن فمن الحكمة بالنسبة لنا أن نعترف بنفس الحقيقة وأن نتَّضع بشكلٍ كافٍ حتى نولي اهتمامًا وثيقًا لكلمة الله.

توَقَّف

اقرأ الأجزاء الثلاثة التالية من الكتاب المُقدَّس. في رأيك ما هو إيمان يسوع بخصوص الكتاب المُقدَّس؟

«لاَ تَظُنُّوا أَنِّي جِئْتُ لأَنْقُضَ النَّامُوسَ أَوِ الأَنْبِيَاءَ. مَا جِئْتُ لأَنْقُضَ بَلْ لأُكَمِّلَ. فَإِنِّي الْحَقَّ أَقُولُ لَكُمْ: إِلَى أَنْ تَزُولَ السَّمَاءُ وَالأَرْضُ لاَ يَزُولُ حَرْفٌ وَاحِدٌ أَوْ نُقْطَةٌ وَاحِدَةٌ مِنَ النَّامُوسِ حَتَّى يَكُونَ الْكُلُّ». (متى ٥: ١٧-١٨)

«إِنْ قَالَ آلِهَةٌ لأُولئِكَ الَّذِينَ صَارَتْ إِلَيْهِمْ كَلِمَةُ اللهِ، وَلاَ يُمْكِنُ أَنْ يُنْقَضَ الْمَكْتُوبُ، فَالَّذِي قَدَّسَهُ الآبُ وَأَرْسَلَهُ إِلَى الْعَالَمِ، أَتَقُولُونَ لَهُ: إِنَّكَ تُجَدِّفُ، لأَنِّي قُلْتُ: إِنِّي ابْنُ اللهِ؟» (يوحنا ١٠: ٣٥-٣٦)

«وَقَالَ لَهُمْ: هذَا هُوَ الْكَلاَمُ الَّذِي كَلَّمْتُكُمْ بِهِ وَأَنَا بَعْدُ مَعَكُمْ: أَنَّهُ لاَ بُدَّ أَنْ يَتِمَّ جَمِيعُ مَا هُوَ مَكْتُوبٌ عَنِّي فِي نَامُوسِ مُوسَى وَالأَنْبِيَاءِ وَالْمَزَامِيرِ. حِينَئِذٍ فَتَحَ ذِهْنَهُمْ لِيَفْهَمُوا الْكُتُبَ. وَقَالَ لَهُمْ: «هكَذَا هُوَ مَكْتُوبٌ، وَهكَذَا كَانَ يَنْبَغِي أَنَّ الْمَسِيحَ يَتَأَلَّمُ وَيَقُومُ مِنَ الأَمْوَاتِ فِي الْيَوْمِ الثَّالِثِ، وَأَنْ يُكْرَزَ بِاسْمِهِ بِالتَّوْبَةِ وَمَغْفِرَةِ الْخَطَايَا لِجَمِيعِ الأُمَمِ، مُبْتَدَأً مِنْ أُورُشَلِيمَ». (لوقا ٢٤: ٤٤-٤٧)

تعطينا هذه الفقرات من إنجيل متى ويوحنا ولوقا إجابة واضحة تمامًا عما يؤمن به يسوع بشأن الأسفار المُقدَّسة. فقد آمن أنها كانت:

ذات سلطة

قوية

موثوق بها

لقد آمن أن كل كلمة منفردة لها أهمية، كما آمن أن الأسفار المُقدَّسة لا يمكن نقضها ولا يمكن تنحيتها جانبًا، وآمن أنها كلها تتحدث عنه وأنها تعلن طريق الخلاص. استخدم يسوع الكتاب المُقدَّس ليعلِّم أتباعه ويفضح خصومه. عندما هاجمه إبليس وحاول أن يجرِّبه حتى يخطئ، رد يسوع باستخدام كلمة الله كسلاح.

يكتب جون بايبر هذا الكلام:

«لقد علَّم (يسوع) بأن كل شيء فيها (الأسفار المُقدَّسة) ينبغي أن يتم ويتحقَّق؛ وأن كتبة المزامير قد تكلموا بالروح القدس؛ وأن

كلمات موسى في الكتاب المُقدَّس كانت هي كلمات اللهُ؛ وأنه لا يمكن نقض ولا جزء واحد من الكتاب المُقدَّس؛ وأن الأمانة للكتاب المُقدَّس سوف تحفظنا من الخطأ؛ وأنه يقدر أن يهزم أقوى الأعداء؛ وأنه اختبار الشمس حقيقي يبيِّن ما إذا كانت قلوبنا منفتحة لتعرف يسوع؛ وأنه سيناريو واقعي مُمثَّل في نصرة يسوع من خلال آلامه وموته وقيامته». [1]

ببساطة، يسوع كان ولا يزال أشد معجبي الكتاب المُقدَّس.

الوحي اللفظي التام

إذًا، دعونا نجيب عن أول سؤال من السؤالين اللذين لدينا في هذا الفصل: ما الذي نقصده بالتحديد عندما نقول إن الكتاب المُقدَّس موحى به؟ إننا نؤمن بما يسمِّيه معلمو الكتاب المُقدَّس الوحي اللفظي التام، وهي طريقة رائعة لنقول إن كل كلمة منفردة في الكتاب المُقدَّس قد أتت من اللهُ. وكما اكتشفنا بالفعل، فقد كتب كُتَّاب الكتاب المُقدَّس تمامًا وتحديدًا ما رغب اللهُ وقصد أن يُكتب بلا خطأ أو عيب. وقد تحقَّق هذا بقوة وعمل الروح القدس.

الرب تكلم

وقد حمل الكُتَّاب طوال عملية الكتابة

لقد تنفَّس كلمته.

الآن قد تفكر؛ كيف يترك كل هذا المفهوم المكوَّن من «متنفس به

[1] John Piper, *A Peculiar Glory* (London: IVP, 2016), 113.

من اللهُ»، و «حَمْل الروح القدس للكُتَّاب»، و»هكذا يقول الرب»، وقاعدة الوحي اللفظي التام، أيَّة مساحة لشخصية وأسلوب الكاتب البشري؟ لقد قلنا إن الكتاب المُقدَّس كتبه اللهُ وبعض البشر ولكنه لن يكون حقًّا كتابًا بشريًّا إذا كان اللهُ قد استخدم الكُتَّاب البشر مثل الذين يكتبون على الآلة الكاتبة، أليس كذلك؟

هذا اعتراض عادل، ولكن لو كان الوضع كذلك لكنت ستصبح على حق في أن الكتاب المُقدَّس ليس حقًّا كتابًا بشريًّا. حمدًا لله، لم تتم الكتابة هكذا. فكل الكُتَّاب الذين يفوق عددهم الأربعين كتبوا كل واحد بأسلوبه الخاص، مظهرين تفردهم وشخصياتهم.

فالبعض دقيق ومُحدَّد

وغيرهم شعراء

البعض فنِّيين في أساليبهم

وغيرهم بسطاء.

فالقواعد النحوية لدى الرسول بولس تصبح فوضويَّة عندما ينفعل، بينما القواعد النحوية لدى لوقا الطبيب الآتي من أثينا فممتازة. والأهم، هو أن كتبة الكتاب المُقدَّس قد شاركوا بقصصهم كشهود عيان، أو كانوا يسجِّلون قصص شهود عيان آخرين يشهدون عن أعمال اللهُ. الشعر والصلوات الموجودة في المزامير عبارة عن تأمُّلات في اختبارات الكُتَّاب مع اللهُ وكلمته. يشارك الملك سليمان بالحكمة العظيمة التي منحها له اللهُ في أسفار الأمثال والجامعة ونشيد الأناشيد. يكتب بولس رسائله للكنائس التي زرعها والرعاة الذين

درَّبهم. شارك دانيال ويوحنا برؤى عجيبة أعطاها لهما اللهُ. لم يكن كُتَّاب الكتاب المُقدَّس مجرد كتبة، لقد عاشوا ما كتبوه.

يوجِّهنا النبي إرميا إلى الإجابة: «**هأَنَذَا الرَّبُّ إِلهُ كُلِّ ذِي جَسَدٍ. هَلْ يَعْسُرُ عَلَيَّ أَمْرٌ مَا؟**» (إرميا ٣٢: ٢٧).

لا يوجد شيء صعب على اللهُ. ليس عليه أن يجعل كتبة الكتاب المُقدَّس مثل الدُمى لكي يجعلهم يكتبون كلمته على صفحات الكتاب. فسيادته تعني أنه قادر أن يأمر ويُشكِّل حياة الكُتَّاب بحيث يقودهم تعليمهم وخبراتهم وأسلوب حياتهم وعائلتهم وأصدقاؤهم وثقافتهم، مجتمعين مع وحي الروح القدس، ليكتبوا كلمته بالضبط كما يريدها أن تُكتب.

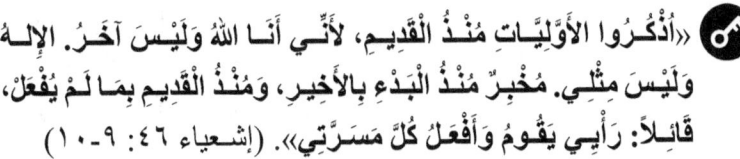

«**اُذْكُرُوا الأَوَّلِيَّاتِ مُنْذُ الْقَدِيمِ، لأَنِّي أَنَا اللهُ وَلَيْسَ آخَرُ. الإِلهُ وَلَيْسَ مِثْلِي. مُخْبِرٌ مُنْذُ الْبَدْءِ بِالأَخِيرِ، وَمُنْذُ الْقَدِيمِ بِمَا لَمْ يُفْعَلْ، قَائِلاً: رَأْيِي يَقُومُ وَأَفْعَلُ كُلَّ مَسَرَّتِي**». (إشعياء ٤٦: ٩-١٠)

اللهُ يسود ويحكم على كل الأشياء، وبالتالي، كل خططه تحدث ودائمًا ما تتحقق مشيئته. الناس الذين تشكَّلت حياتهم وانتظمت بيده هم من كتبوا الأسفار التي أُوحى بها.

تَوَقَّف

لماذا من المهم أن يكون الكتاب المُقدَّس هو كلمة اللهُ بالتحديد؟

في يوحنا ٦، بعد بعض التعليم الصعب الذي ألقاه يسوع، حوَّل كثير من الناس الذين كانوا قد تبعوا يسوع منذ بداية خدمته العلنية

ظهورهم لـه وابتعـدوا عنـه. ردًّا علـى هـذا، سـأل يسـوع الاثنـي عشـر تلميـذًا سـؤالًا، وضربـت إجابـة بطـرس لـب أهميـة عقيـدة الوحـي.

«فَقَـالَ يَسُـوعُ لِلاثْنَـيْ عَشَـرَ: أَلَعَلَّكُمْ أَنْتُمْ أَيْضًـا تُرِيـدُونَ أَنْ تَمْضُوا؟ فَأَجَابَـهُ سِـمْعَانُ بُطْـرُسُ: يَـا رَبُّ، إِلَـى مَـنْ نَذْهَـبُ؟ كَلاَمُ الْحَيَـاةِ الأَبَدِيَّـةِ عِنْـدَكَ، وَنَحْـنُ قَـدْ آمَنَّـا وَعَرَفْنَـا أَنَّـكَ أَنْـتَ الْمَسِيحُ ابْـنُ اللهِ الْحَـيِّ». (يوحنـا ٦: ٦٧-٦٩)

تَوَقَّف

بـكل صـدق، كيـف كنـت سـترد علـى سـؤال يسـوع؟ هـل أنـت جاهـز لتتبـع يسـوع حتـى عندمـا تصعـب الظـروف ويقـول هـو أشـياء نصـارع لنقبلهـا؟

الحياة مليئة بأسئلة كبيرة تحتاج إلى إجابات.

من أين أتيت؟

لماذا أنا هنا؟

لماذا العالم على ما هو عليه؟

لماذا يتألَّم الناس؟

هل أنا صالح أم شرير؟

لـو أغلقنـا هواتفنـا وابتعدنـا عمـا يشـتِّت حياتنـا سـوف تهبـط علينـا هـذه الأسـئلة مثـل الأمـواج التـي تضـرب الشـاطئ. لا يمكـن تجنُّبهـا ولكـن، الأكثـر أهميـة، أنـه لا يمكننـا نحـن الإجابـة عنهـا. عندمـا ابتعـدت الجماهير

عن يسوع، بقيَ بطرس والتلاميذ لأنهم بنعمة اللهُ توصَّلوا إلى معرفة أن يسوع وحده هو الذي لديه كلمات الحياة الأبدية. هذا هو سبب قول بطرس: «إلى أين نذهب؟ وأنت من لديك كل الإجابات».

في الفصل الأول نظرنا على ماهية الكتاب المُقدَّس ومن أين جاء. قلنا إن الكتاب المُقدَّس جاء من رغبة اللهُ المُنعِم في أن يعلن عن نفسه لكي يُخلِّص حياة الخطاة الخربة. وهذا يعني أنه علينا أن نأخذه على محمل الجد وأنه ينبغي علينا أن نحيط أنفسنا بإخوة وأخوات يأخذونه هم أيضًا على محمل الجد. نحتاج أن نكون قريبين من المسيحيين الآخرين الذين يساعدوننا على تعلُّم وتطبيق الكتاب المُقدَّس على حياتنا.

ينبغي أن نكون أعضاء كنائس

تؤمن بالكتاب المُقدَّس

تحب الكتاب المُقدَّس

تطيع الكتاب المُقدَّس

تُرنِّم الكتاب المُقدَّس

تُصلِّي الكتاب المُقدَّس

تَعِظ بالكتاب المُقدَّس

إن لم يكن هذا التوصيف ينطبق على كنيستك، اتركها إذن واعثر لنفسك على كنيسة مثل هذه.

مُلخَّص

كل كلمة بذاتها في الكتاب المُقدَّس آتية من اللهُ. كتب كُتَّاب الكتاب المُقدَّس تمامًا وبدقة ما رغب اللهُ وقصد أن يكون مكتوبًا بدون عيب أو خطأ. وقد تحقَّق هذا بقوة وعمل الروح القدس. الكتاب المُقدَّس هو المكان الذي نتقابل فيه مع يسوع. إنه حيث نجد إجابات عن الأسئلة المهمة لأنه في النهاية مكتوب بواسطة من لديه كل الإجابات. وهو قادر أن يجعلنا حُكماء للخلاص وهذا سبب أهميَّته.

تَوَقَّف

كيف يغيِّر هذا الطريقة التي نتناول بها الكتاب المُقدَّس ونقرأه؟

آيات للحفظ

«أَمَّا هُوَ [يسوع] فَقَالَ: «بَلْ طُوبَى لِلَّذِينَ يَسْمَعُونَ كَلاَمَ اللهِ وَيَحْفَظُونَهُ»». (لوقا ١١: ٢٨)

ما المقصود؟

الكتاب المُقدَّس جدير تمامًا بالثقة.

٤ – كيف نتأكَّد من أنه يمكننا أن نثق بالكتاب المُقدَّس؟

الجزء الثاني (العصمة)

تَوَقَّف

إن سألتك، «هل يمكنك أن تثق بالكتاب المُقدَّس بنسبة ١٠٠٪؟» فماذا ستقول ولماذا؟

في هذا الفصل سوف نجيب على السؤال المهم: هل يمكنني حقًّا أن أثق بالكتاب المُقدَّس؟ في الفصل السابق نظرنا إلى معنى أن يكون الكتاب المُقدَّس كلمة اللهُ الموحى بها. في هذا الفصل سوف نتعلم كيف أن كتابة اللهُ للكتاب المُقدَّس تعني أنه صحيح تمامًا وجدير بالثقة بشكل مطلق. نُسمِّي هذه العقيدة **العِصمة**، وهي تعني ببساطة أن **كلمة اللهُ لا يوجد بها خطأ**.

توضيح

صاحت رينيه، «أهلًا يا راندي. هل قرأت على الفيسبوك عن هذا الرجل الذي يقود شاحنة بيضاء صغيرة محاولًا أن يخطف الأطفال هناك عند المتنزه؟» يبدو أنه رجل ضخم وخسيس، ويحب ممارسة الجنس مع الأطفال. هناك تعليق يقول إن نفس الشاحنة

البيضاء الصغيرة موجودة عند آخر شارعنا الآن. هل ينبغي أن نذهب لنرى؟» تطلَّع راندي إليها وقال: «حقًّا يا رينيه، أنت ساذجة للغاية. لماذا تصدقين كل ما تقرأين؟ ربما يكون رجل ما يسرق المحلات. هذا الوصف يمكن أن ينطبق على أي شخص». أشارت رينيه إلى هاتفها وقالت: «كلا يا راندي، هذا صحيح. فالموقع هذا يقول ذلك ويوجد أشخاص كثيرون قد علَّقوا وأعجبهم ما قيل». أدار راندي عينيه وردَّ: «لمجرد أن هذا قد أُعلن على الفيسبوك لا يجعله صحيحًا، يا حبيبتي. اقلقي بشأنه إن رأيناه في نشرة أخبار الساعة السادسة. عندئذ سيكون على الأقل أمرًا مشروعًا ومُثبتًا».

المخطوطات الأصلية

عندما نقول إن الكتاب المُقدَّس بلا خطأ من المهم أن ندرك أننا نتكلم عن المخطوطات الأصلية، والتي كُتبت بأيدي الأنبياء والرسل. كُتبت هذه الوثائق على لفائف من البردي، كانت دقيقة وحساسة وبسبب هذا تحتَّم إعادة نسخها مرارًا وتكرارًا عبر القرون.

تَوَقَّف

في رأيك كيف يمكننا أن نتأكَّد من أن النسخ التي اعتبروها للمخطوطات الأصلية كانت دقيقة تمامًا؟

دعنا نفكر في مسألة كيفية التأكُّد من أنهم قد كتبوا نسخًا دقيقة. كان الكُتَّاب والرهبان الذين قاموا بهذا مُدقِّقين بشكل جاد وقد تحققوا وتحققوا وأعادوا التحقُّق من عملهم باستخدام الكثير من الضمانات لكي يضمنوا أن النسخ التي نسخوها كانت دقيقة بنسبة ١٠٠٪. لدينا

تقريبًا ٥٨٠٠ مخطوطة يونانية لندرسها ونقارنها. ربما لا يبدو هذا كثيرًا، ولكن عند مقارنته بالكتب القديمة الأخرى سنجد أن هذا مذهل تمامًا.

مثلًا، لدينا ١٠ مخطوطات فقط لكتاب يوليوس قيصر «حروب الغال»، والذي كُتب بين عامي ٦٠ و٥٠ ق.م. أقدم نسخة تعود لما بعد الحدث بحوالي ٩٠٠ سنة. بالرغم هذه الفجوة الزمنية، ما من مؤرِّخ يُشكِّك في يوليوس قيصر.

كتب جون بايبر قائلًا: «ما من كتاب قديم آخر يقترب من ثراء وتنوُّع أشكال الحفظ التي يتمتع بها العهد الجديد لدينا. ليس أن عدد المخطوطات فقط رائع، بل وكذلك قِدَمها. أقدم قصاصة لدينا، مثلًا، هي بردية تأتي من حوالي عام ١٣٠ ميلاديًّا ... كما تأتي واحدة من أقدم مخطوطات العهد الجديد الكاملة من عام ٣٥٠ ميلاديًّا».[1]

ما بين عامي ١٩٤٦ و١٩٥٦ تم العثور على لفائف البحر الميِّت في كهوف في منطقة قمران بإسرائيل. وقد تم حفظها في أواني فُخَّارية، وتُعَد هذه المخطوطات للعهد القديم أقدم مخطوطات لدينا بفارق كبير في الزمن. الشيء الذي لا يُصدَّق هو أنه عند مقارنتها بمخطوطات أحدث، لم يتم العثور على اختلافات حقيقية.

تَوَقَّف

فَكِّر فقط في هذا لبرهة. أقدم المخطوطات التي عُثر عليها حتى الآن لم تحتوِ على اختلافات حقيقية عن الكلمات التي لدينا في الكتاب المُقدَّس اليوم. ماذا يخبرنا هذا عن مقدار دقَّة الكتاب المُقدَّس؟

1 John Piper, *A Peculiar Glory* (London: IVP, 2016), 82.

عمل هؤلاء الرهبان والكُتَّاب الشديد التدقيق طوال القرون يعني أنه يمكننا أن نثق تمامًا في دقَّة كتبنا المُقدَّسة. ما لدينا في كتبنا المُقدَّسة هو ترجمة دقيقة لكل كلمة الله، المحفوظة والمحمية بسيادته وحُكمه طوال التاريخ.

٥ توضيح

يا له من كابوس رهيب. كل شيء قد سار بشكل سيِّء. عندما استيقظت رينيه هذا الصباح لم تكن غلَّاية الماء تعمل، لذا لم يكن لديها أي ماء ساخن لتستحم. ثم، في طريق العودة من التسوُّق، انكسرت يد عربة التسوُّق ووقعت على حقيبة التسوُّق فكسرت كل البيض. ثم انتظرت وقتًا طويلًا للغاية عند المصرف، فانتهى بها الحال متأخرة عن إحضار أحفادها من المدرسة. وعندما ظنت أن يومها لا يمكن أن يسوء أكثر من هذا، فاتتها الحافلة التي ستوصِّلها إلى المنزل. كان الوقت المتوقَّع لوصول الحافلة التالية بعد ٢٠ دقيقة. كانت قد تعبت للغاية عندما دخلت إلى ذلك الجناح في المستشفى لترى صديقتها كيت. نظرت إليها صديقتها وقالت: «رينيه، من الجيِّد أن أراك، ولكنك لم تكوني بحاجة إلى أن تأتي. فالأمطار تهطل بالخارج. أنت غارقة في المياه تمامًا». فابتسمت رينيه لصديقتها. «يا حلوتي، لقد قلت لك أنني سآتي لزيارتك اليوم وأنت تعلمين أنني دائمًا أحافظ على كلمتي».

يُذكِّرنا الكتاب المُقدَّس بأن الله أيضًا دائمًا ما يحفظ كلمته. لذا، نحن متأكدون من أن كتبنا المُقدَّسة هي ترجمات دقيقة للمخطوطات الأصلية. الآن، دعونا نتقدَّم إلى السؤال الخاص بجدارتها بالثقة.

تَوَقَّف

كيف تحكم على الثقة؟ فكّر في أكثر أشخاص تثق بهم في حياتك. ما الذي يجعلهم جديرين بالثقة؟

من المرجح أن الأشخاص الذين نفكر فيهم مُتَّسقي الفكر، مستقيمين، أمناء، ويُعتمد عليهم. عندما تفكر رينيه في شخص جدير بالثقة تفكر في أبيها. إن قال إنه سيفعل شيئًا ما، فإنه يفعله. إن قال إنه سيكون في مكان ما يمكنها أن تعتمد على كلمته. إن احتاجت للمعونة يمكنها أن تعتمد عليه.

إن مصداقية كلمة شخص ما هي إلا انعكاس لشخصيته. تثق رينيه في كلمة أبيها لأنه برهن وأثبت أمانته مرارًا وتكرارًا طوال حياتها.

تَوَقَّف

إن سُئل الناس عن شخصيتك، ماذا سيقولون؟ هل تحفظ كلمتك؟

«لَيْسَ اللهُ إِنْسَانًا فَيَكْذِبَ، وَلاَ ابْنَ إِنْسَانٍ فَيَنْدَمَ. هَلْ يَقُولُ وَلاَ يَفْعَلُ؟ أَوْ يَتَكَلَّمُ وَلاَ يَفِي؟» (عدد ٢٣: ١٩)

يعكس الكتاب المُقدَّس بصفته كلمة اللهُ شخصية الله. اللهُ شخص صادق وأمين وبار ويُعتمد عليه وكلّي المعرفة وكلّي القدرة. ولهذا، فيمكننا أن نثق بكل كلمة من الكتاب المُقدَّس. تربط هذه الآية من سفر العدد بين كلمة اللهُ وشخصيته. فهي ترسم تبايُنًا مطلقًا بين الله والإنسان لتثبت أن الله جدير بالثقة ١٠٠٪.

تَوَقَّف

تخيَّل أنك وعدت أن تُحضِر صديقًا لك من محطة القطار الساعة العاشرة من صباح الغد. هل يمكنك أن تضمن تمامًا أنك ستكون هناك؟

الإجابة هي لا. قد نعطي كلمتنا، ونحن ننوي ١٠٠٪ أن نكون هناك لنُحضره، ولكن، قد تؤخِّرنا حركة المرور، قد يحدث ثقب في إطار السيارة، أو نتعثر بينما نغادر المنزل وتتكسَّر ساقنا. هناك قائمة لا تنتهي من الأشياء التي يمكن أن تترك صديقنا واقفًا محبطًا خارج المحطة. هناك عدد غير محدود من الأمور التي تفوق قدرتنا على السيطرة والتي يمكن أن تُعطِّلنا عن تنفيذ وعدنا. هذا لا يحدث أبدًا مع اللهُ.

فاللهُ ليس إنسانًا

إنه ليس مثلنا

هو دائمًا أمين

لا يمكن إحباطه أو إعاقته

«حَتَّى بِأَمْرَيْنِ عَدِيمَيِ التَّغَيُّرِ، لاَ يُمْكِنُ أَنَّ اللهَ يَكْذِبُ فِيهِمَا، تَكُونُ لَنَا تَعْزِيَةٌ قَوِيَّةٌ، نَحْنُ الَّذِينَ الْتَجَأْنَا لِنُمْسِكَ بِالرَّجَاءِ الْمَوْضُوعِ أَمَامَنَا، الَّذِي هُوَ لَنَا كَمِرْسَاةٍ لِلنَّفْسِ مُؤْتَمَنَةٍ وَثَابِتَةٍ، تَدْخُلُ إِلَى مَا دَاخِلَ الْحِجَابِ». (العبرانيين ٦: ١٨-١٩)

عندما يريد كاتب الرسالة إلى العبرانيين أن يُعزِّي قُرَّاءه بأن خلاصهم مؤكَّد وآمن ومضمون، يُذكِّرهم بأن اللهُ قد أقسم قسمًا ووعد

وعدًا لا يمكن أن يتغير. «لاَ يُمْكِنُ أَنَّ اللهَ يَكْذِبُ». يقول سليمان نفس الشيء عنه في سفر الأمثال:

«كُلُّ كَلِمَةٍ مِنَ اللهِ نَقِيَّةٌ. تُرْسٌ هُوَ لِلْمُحْتَمِينَ بِهِ». (أمثال ٣٠: ٥)

تربط هذه الآية أمانة اللهُ وصدقه بضمان خلاصنا. يظهر هذا الربط من التفسير الذي يقول إن أمانة اللهُ التي لا تتغير هي التي تجعله مناسبًا ليكون تُرسًا وملجأً لشعبه.

تخيَّل أنك تهرب من عاصفة هائلة. الرياح تُصفِّر وتهب، وترى أمامك مبنيين، واحد مصنوع من فروع الشجر والآخر عبارة عن مبنى حصين من الخرسانة. أي واحد منهما ستلجأ إليه؟ يُفترض بالملجأ أن يكون مكانًا مستقرًّا، قويًّا وآمنًا. لو كان ضعيفًا، غير مستقر، أو غير آمن لا يمكن أن تثق بأنه سيحميك.

لذا دعونا نرجع إلى هذه الفقرة الهامة مرة أخرى:

«إِنْ قَالَ آلِهَةٌ لأُولئِكَ الَّذِينَ صَارَتْ إِلَيْهِمْ كَلِمَةُ اللهِ، وَلاَ يُمْكِنُ أَنْ يُنْقَضَ الْمَكْتُوبُ، فَالَّذِي قَدَّسَهُ الآبُ وَأَرْسَلَهُ إِلَى الْعَالَمِ، أَتَقُولُونَ لَهُ: إِنَّكَ تُجَدِّفُ، لأَنِّي قُلْتُ: إِنِّي ابْنُ اللهِ؟» (يوحنا ١٠: ٣٥-٣٦)

عندما كان يجادل خصومه غير المؤمنين، الذين أرادوا أن يهاجموا إعلانه بأنه ابن اللهُ، ذكَّرهم يسوع بأن الكتاب المُقدَّس لا يمكن أن يُنقض. فلأن اللهُ هو اللهُ، تتحقَّق كلمته. كلمة الله جديرة تمامًا بالثقة لأنه دائمًا يتكلم بالحق. ويمكننا أن نثق بوعوده لأنه لا يمكن إحباط خططه أو إيقافه أو إعاقته. الكتاب المُقدَّس معصوم لأن اللهَ لا يرتكب أخطاء. يعطينا كيفين دي يونج أبسط حجَّة على عصمة الكتاب

المُقدَّس: «لم يأتِ الكتاب المُقدَّس بمشيئة إنسان؛ بل جاء من الله. وإن كان هو كلمة الله فلا بد وأنه كله صحيح، لأنه لا يمكن أن يكون في الله أي خطأ أو خداع».[٢]

«قَدِّسْهُمْ فِي حَقِّكَ. كَلاَمُكَ هُوَ حَق». (يوحنا ١٧: ١٧)

بينما كان يسوع يصلي من أجل شعبه قبل أن يذهب إلى الصليب، طلب من الآب أن يُقدِّس شعبه بالحق، قبل أن يشرح كيف سيتم عمل هذا من خلال كلمة الحق. يُعلِّمنا يسوع هنا أن صِدْق الكلمة هو ما يجعلها نافعة لتقديس شعبه. **الكتاب المُقدَّس** قادر على تشكيل وتجديد أذهاننا، وهو يقوِّم ويوبِّخ ويصيغ ويواجه ويجعلنا ننسجم مع فكر الله، وكذلك يُعزِّي ويُقوِّي، ويُشكِّلنا **لأنه الحق المعصوم**. في رومية ١٢ يتحدَّى بولس الكنيسة قائلًا:

«وَلاَ تُشَاكِلُوا هذَا الدَّهْرَ، بَلْ تَغَيَّرُوا عَنْ شَكْلِكُمْ بِتَجْدِيدِ أَذْهَانِكُمْ، لِتَخْتَبِرُوا مَا هِيَ إِرَادَةُ اللهِ: الصَّالِحَةُ الْمَرْضِيَّةُ الْكَامِلَةُ». (رومية ١٢: ٢)

يحتاج كل إنسان مسيحي للحق الموجود في كلمة الله لكي يقوِّمنا ويعيد تشكيلنا عندما نخطئ ونصدِّق أشياء كاذبة عن الله.

السلطان

لا تعكس كلمة الله فقط شخصيته، بل وتعلن كذلك سيادته وقدرته وسلطانه المطلقين.

---

2 Kevin DeYoung, *Taking God At His Word* (Wheaton. IL: Crossway, 2016), 39.

«أَلاَ تَعْلَمُونَ؟ أَلاَ تَسْمَعُونَ؟ أَلَمْ تُخْبَرُوا مِنَ الْبَدَاءَةِ؟ أَلَمْ تَفْهَمُوا مِنْ أَسَاسَاتِ الأَرْضِ؟ الْجَالِسُ عَلَى كُرَةِ الأَرْضِ وَسُكَّانُهَا كَالْجُنْدُبِ. الَّذِي يَنْشُرُ السَّمَاوَاتِ كَسَرَادِقَ، وَيَبْسُطُهَا كَخَيْمَةٍ لِلسَّكَنِ. الَّذِي يَجْعَلُ الْعُظَمَاءَ لاَ شَيْئًا، وَيُصَيِّرُ قُضَاةَ الأَرْضِ كَالْبَاطِلِ. لَمْ يُغْرَسُوا بَلْ لَمْ يُزْرَعُوا وَلَمْ يَتَأَصَّلْ فِي الأَرْضِ سَاقُهُمْ. فَنَفَخَ أَيْضًا عَلَيْهِمْ فَجَفُّوا، وَالْعَاصِفُ كَالْعَصْفِ يَحْمِلُهُمْ. فَبِمَنْ تُشَبِّهُونَنِي فَأُسَاوِيهِ؟ يَقُولُ الْقُدُّوسُ. ارْفَعُوا إِلَى الْعَلاَءِ عُيُونَكُمْ وَانْظُرُوا، مَنْ خَلَقَ هذِهِ؟ مَنِ الَّذِي يُخْرِجُ بِعَدَدٍ جُنْدَهَا، يَدْعُو كُلَّهَا بِأَسْمَاءٍ؟ لِكَثْرَةِ الْقُوَّةِ وَكَوْنِهِ شَدِيدَ الْقُدْرَةِ لاَ يُفْقَدُ أَحَدٌ». (إشعياء ٤٠: ٢١-٢٦)

ليس الكتاب المُقدَّس مجرد كتاب ملاحظات مفيدة واقتراحات يمكننا أن نأخذ بها أو نتركها كما يعجبنا. إنه إعلان الخالق وضابط الكل والفادي والقاضي وملك الكون عن ذاته. يعلن الكتاب المُقدَّس عن مشيئة ووصايا الملك. يقول السؤال الثالث من دليل أسئلة وأجوبة وستمنستر الموجز:

س: ماذا تُعلِّم الأسفار المُقدَّسة بشكل رئيسي؟

ج: تُعلِّم الأسفار المُقدَّسة بشكل رئيسي، ما يجب أن يؤمن به الإنسان فيما يختص بالله، وما الواجب الذي يطلبه الله من الإنسان.[٣]

يُعلِّمنا الكتاب المُقدَّس ما ينبغي أن نؤمن به بخصوص الله، وما يطلبه منا الله استجابةً لهذا. **إنه السلطة الأولى والأخيرة والمطلقة**

---

[٣] دليل أسئلة وأجوبة وستمنستر الموجز، السؤال ٣.

بالنسبة للمؤمن وبالنسبة للكنيسة. ما يعلِّم به الكتاب المُقدَّس هو الحق، والمعايير التي يقيمها هي شريعة مُقدَّسة. الكتاب المُقدَّس هو السلطة الكاملة والنهائية للكنيسة في كل شؤون الإيمان والحياة.

توَقَّف

السؤال المهم حقًا ليس هو هل يمكننا أن نثق بالكتاب المُقدَّس أم لا؟ بل هو هلْ سنطيع الكتاب المُقدَّس أم لا؟

مُلخَّص

الكتاب المُقدَّس جدير تمامًا بالثقة وبلا خطأ. إنه السلطة النهائية المطلقة التي لا تُنقَض بشأن كل شيء. الكتاب المُقدَّس هو كلمة الله المُعطاة لنا لكي تعلن لنا عن كل شيء نحتاج أن نعرفه عن الله وعن الخلاص من الخطية بالإيمان بيسوع المسيح. **هل نأتي إليه مُتَّضعين ومستعدين أن نتعلم من الله، أم سوف نرفع أنفسنا بكبرياء فوقه ونتجاهل تعاليمه ووصاياه وتحذيراته؟**

آيات للحفظ

«وَلاَ تُشَاكِلُوا هذَا الدَّهْرَ، بَلْ تَغَيَّرُوا عَنْ شَكْلِكُمْ بِتَجْدِيدِ أَذْهَانِكُمْ، لِتَخْتَبِرُوا مَا هِيَ إِرَادَةُ اللهِ: الصَّالِحَةُ الْمَرْضِيَّةُ الْكَامِلَةُ».
(رومية ١٢: ٢)

ما المقصود؟

يخبرنا العهد القديم بأن المُخلِّص آتٍ.

٥ - كيف أقرأ الكتاب المُقدَّس؟

الجزء الأول (العهد القديم)

حتى الآن تعلمنا ما هو الكتاب المُقدَّس، ولماذا كُتب، وكيف كُتب، وكيف تم تجميعه، وماذا يعني هذا من حيث صِدقه وسلطانه التامِّين وكونه جدير تمامًا بالثقة.

ولكن، كيف ينبغي أن نقرأه؟

تَوَقَّف

هل الكتاب المُقدَّس مثل الكتب الأخرى التي نقرأها؟ في رأيك كيف يجب قراءة الكتاب المُقدَّس؟

كثيرًا ما يستعمل الكتاب المُقدَّس لغة غريبة (على آذاننا) ويتحدث عن أشياء بطرق تبدو غريبة لنا للوهلة الأولى. ومرة أخرى، سوف نتناول هذا الموضوع بطريقتين: أولًا، في هذا الفصل، سوف ننظر إلى العهد القديم. لذا دعونا نبدأ.

في البدء

تجهز الأصحاحات الثلاثة الأولى من الكتاب المُقدَّس المشهد لكل قصة الكتاب المُقدَّس.

يعطينا تكوين ١ الصورة الكبيرة، مشهد من زاوية منفرجة يطل على الخليقة. نكتشف أن **اللهُ يخلق** كل شيء بقوة كلمته في ستة أيام، وأن كل شيء يخلقه حسنٌ جدًّا. تظهر ذروة الخليقة في اليوم السادس إذ يخلق اللهُ البشر، ذكرًا وأنثى، على صورته وكشبهه. ثم يعطي أبوينا الأولين السيادة والسلطان على الخليقة، ومعها عمل ليقوموا به وهو أن يكثروا ويجعلوا الأرض مكانًا مناسبًا لهم ليعيشوا فيه.

يقترب تكوين ٢ من الصورة ليمنحنا مشهدًا عن كثب لخلق آدم وحواء. كذلك نكتشف أن الرب يوفِّر لهما منزلًا مثاليًّا – «جنة عدن». كما نقرأ عن:

إعطاء قانون يضمن استمرار الحياة والبركة

ونتائج التمرُّد على قانون اللهُ.

«وَأَوْصَى الرَّبُّ الإِلهُ آدَمَ قَائِلاً: «مِنْ جَمِيعِ شَجَرِ الْجَنَّةِ تَأْكُلُ أَكْلاً، وَأَمَّا شَجَرَةُ مَعْرِفَةِ الْخَيْرِ وَالشَّرِّ فَلاَ تَأْكُلْ مِنْهَا، لأَنَّكَ يَوْمَ تَأْكُلُ مِنْهَا مَوْتًا تَمُوتُ»». (تكوين ٢: ١٦-١٧)

ينتهي تكوين ٢ بزواج آدم وحواء إذ نرى تأسيس خطة اللهُ للعلاقات الجنسية.

رجل واحد

امرأة واحدة

ملتزمين بالزواج بشريك حياة واحد

طوال الحياة

بحسب تصميم الله

في اتحاد **رَسَمه اللهُ**.

تعمل آخر آية في الإصحاح تقريبًا كخاتمة تترك القارئ في حالة تشويق وإثارة:

«وَكَانَا كِلاَهُمَا عُرْيَانَيْنِ، آدَمُ وَامْرَأَتُهُ، وَهُمَا لاَ يَخْجَلاَنِ». (تكوين ٢: ٢٥)

تكوين ٣ تسير فيه كل الأشياء في الاتجاه الخطأ. يتناول باقي الكتاب المُقدَّس اللهُ وهو يُبطل التلف الناتج عن الأحداث الكارثية التي وقعت في هذا الأصحاح.

في تكوين ٣ نتعرَّف على الحية. يقفز إلينا هذا المخلوق الماكر لأنه هنا في عالم اللهُ الحسن جدًّا، لدينا مخلوق يعيش في تمرُّد على اللهُ. نيَّته الوحيدة هي أن يجرِّب ويغوي الآخرين للانضمام إليه في تمرُّده. تتكشَّف التفاصيل الخاصة بهذه الحية في كل الكتاب المُقدَّس بينما نتوصَّل إلى معرفتها تحت مسمَّيات كثيرة:

إبليس

الشيطان

التنين

نقرأ أن الحية قد أغوت آدم وحواء حتى يأكلا من شجرة معرفة الخير والشر. للأسف، وبالرغم من جود اللهُ في منحهم الحياة،

والمنزل المثالي، والرفقة المثالية والعلاقة الكاملة معه، صدَّق أبوينا الأولين أكاذيب الشيطان، وأكلا من الثمرة وتمرَّدا على اللهُ.

سرعان ما تلا هذا الكارثة.

دخلت الخطية والموت إلى العالم إذ سقط آدم وحواء في حالة الفساد. فجأة، اختبأ الزوجان اللذان لم يكونا يخجلان من اللهُ، خائفين وشاعرين بالخزي والدينونة.

تَوَقَّف

في رأيك لماذا أصبح آدم وحواء فجأة خائفين من اللّهُ؟

نقرأ أن اللهُ يأتي إليهما في الجنة ويناديهما. عند هذه النقطة يتم تقديم موضوع هام حقًّا في الكتاب المُقدَّس إلينا:

اللهُ ليس فقط الخالق وضابط الكل والملك المُعطي الشريعة

وإنما

هو أيضًا

القاضي القدُّوس والعادل على كل خلائقه.

على الفور أدان اللهُ الحية وحكم عليها بالهلاك. وأصبحت مهمة ملء الأرض وجعلها مكانًا مناسبًا للحياة البشرية عملية مؤلمة وصعبة. وحيث وقع موت روحي، تبعه أيضًا الموت الجسدي.

«بِعَرَقِ وَجْهِكَ تَأْكُلُ خُبْزًا حَتَّى تَعُودَ إِلَى الأَرْضِ الَّتِي أُخِذْتَ مِنْهَا. لأَنَّكَ تُرَابٌ، وَإِلَى تُرَابٍ تَعُودُ». (تكوين ٣: ١٩)

أخيرًا، طُرد آدم وحواء من جنة عدن. لقد طُردا من مسكن اللهُ ومحضره، وسدَّ الكروبيم (لقب ملائكي مخيف يعني الملتهب أو المشتعل) بسيف ملتهب الطريق إلى شجرة الحياة. إذن، ما نجده في نهاية تكوين ٣ هو أن قداسة اللهُ تقف في طريق الإنسان الخاطئ وتمنعه من ربح الحياة والدخول إلى محضر اللهُ.

بنهاية أول ثلاثة أصحاحات من سفر التكوين، توضع أمامنا المشاكل الرهيبة التي يشترك فيها كل البشر. حيث نرى سيادة وسيطرة الخطية والموت، في مقابل حقيقة القداسة والدينونة اللتان لا يمكن التهرُّب منهما. وتستمر هذه المواضيع والمشاكل في التكشُّف وتزداد صعوبةً بينما تستمر القصة. ومرارًا وتكرارًا ينكشف لنا عجزنا.

ولكن، هناك شعاع رجاء في وسط دينونة اللهُ المُقدَّسة.

«**فَقَالَ الرَّبُّ الإِلهُ لِلْحَيَّةِ: «لأَنَّكِ فَعَلْتِ هذَا، مَلْعُونَةٌ أَنْتِ مِنْ جَمِيعِ الْبَهَائِمِ وَمِنْ جَمِيعِ وُحُوشِ الْبَرِّيَّةِ. عَلَى بَطْنِكِ تَسْعَيْنَ وَتُرَابًا تَأْكُلِينَ كُلَّ أَيَّامِ حَيَاتِكِ. وَأَضَعُ عَدَاوَةً بَيْنَكِ وَبَيْنَ الْمَرْأَةِ، وَبَيْنَ نَسْلِكِ وَنَسْلِهَا. هُوَ يَسْحَقُ رَأْسَكِ، وَأَنْتِ تَسْحَقِينَ عَقِبَهُ**»». (تكوين ٣: ١٤-١٥)

وإذ يَعِد الرب بهلاك الحية، نجد **الرجاء**. يَعِد اللهُ بأن واحدًا من نسل المرأة سوف يموت ويُهلك الحية. «**هُوَ يَسْحَقُ رَأْسَكِ، وَأَنْتِ تَسْحَقِينَ عَقِبَهُ**».

تَوَقَّف

في رأيك من يكون نسل المرأة هذا؟

يقـر معلمـو الكتـاب المُقـدَّس بـأن مـا يخبـر بـه اللهُ هـو، «**أول خبـر سـار**».

تَوَقَّف

في رأيك لماذا تُعَد هذه أخبارًا سارة؟

هنـا، فـي وسـط كارثـة السـقوط وحقيقـة الخطيـة والدينونـة الرهيبـة، يأتـي وعـد الإنجيل بأنـه فـي يـومٍ مـا سـوف يمـوت نسـل المرأة ليقضـي علـى الشـيطان وأعمالـه. سـوف يحمـل لعنـة خطيتنـا ويمـوت، حتـى نتحـرر مـن المـوت.

لـدى الأصحـاح ٣ شـيء آخـر هـام ليُعلِّمـه لنـا. أتذكُـر الآيـة التـي تركتنـا فـي حالـة تشـويق عنـد نهايـة تكويـن ٢: ٢٥؟ «**وَكَانَـا كِلاَهُمَـا عُرْيَانَيْـنِ، آدَمُ وَامْرَأَتُـهُ، وَهُمَـا لاَ يَخْجَـلاَنِ**». جـاءت خطيـة الإنسـان بـه إلـى حالـة مـن الذنـب والخـزي. وإذ أدركا عريهمـا، حـاول آدم وحـواء الاختبـاء من اللهُ.

«**وَصَنَـعَ الـرَّبُّ الإِلـهُ لآدَمَ وَامْرَأَتِـهِ أَقْمِصَـةً مِـنْ جِلْـدٍ وَأَلْبَسَـهُمَا**». (تكـون ٣: ٢١)

اللهُ هنا يعطي علامة، أن **الموت ضروري** لتغطية خزي الإنسان.

تُعَـد هـذه الفكـرة عـن المـوت لأجـل الخطيـة موضوعًـا هامًّـا جـدًّا في الكتاب المُقدَّس.

قراءة المواضيع

ما الغرض من جولتنا السريعة في تكوين ١-٣؟ تُعلِّمنا المواضيع والمشاكل التي نراها هنا في هذه الفقرات التأسيسية من الكتاب المُقدَّس كيف نقرأ العهد القديم.

تتصدَّر المشكلة العظيمة **للخطية والموت والدينونة** المشهد في كل الكتاب المُقدَّس كحقيقة واقعة لا يمكن الهروب منها في حياة الإنسان. مقابل كل تقدُّم تكنولوجي وثقافي حقَّقته البشرية، نشهد كذلك تقدُّمًا في الخطية والبؤس، جنبًا إلى جنب مع حقيقة الموت والدينونة الثابتة. وإذ نقرأ العهد القديم، سوف نلاحظ مواضيع أخرى، مثل:

النبوة المسيانيَّة

الملكوت

العهد

الذبيحة البديلة

سوف ننظر بإيجاز على كل واحد من هذه المواضيع بينما نتابع هذا الفصل. إذ أن فهمها يُعَد واحدًا من المفاتيح لفهمٍ جيِّد للعهد القديم.

النبوة المسيانيَّة

تعني كلمة **المسيَّا، الممسوح** أو **المختار**، وتشير إلى المُخلِّص أو المُنقِذ الموعود. وإذ تتكشَّف قصة الكتاب المُقدَّس على مر الزمن، نجد سلسلة من النبوات بخصوص مجيء المُخلِّص. فإن فهم النبوات

المسيانيَّة سوف يُمَكِّننا من التعرُّف على المسيَّا عندما نتقابل معه أخيرًا.

لقد ذكرنا بالفعل أولى هذه النبوات. الوعد بمن يسحق الحية في تكوين ٣: ١٥. «**وَأَضَعُ عَدَاوَةً بَيْنَكِ وَبَيْنَ الْمَرْأَةِ، وَبَيْنَ نَسْلِكِ وَنَسْلِهَا. هُوَ يَسْحَقُ رَأْسَكِ، وَأَنْتِ تَسْحَقِينَ عَقِبَهُ**».

تعطينا هذه الآية لحظة رجاء في وسط كارثة تامة، إذ يَعِد اللهُ بأن نسل المرأة سوف يموت ليُهلك الشيطان وأعماله.

تَوَقَّف

من نظن أنه سيكون من يسحق الحية؟

نلتقي بقايين وهابيل في تكوين ٤، ونفكِّر، هل من سيسحق الحية هو واحد منهما؟ الإجابة، للأسف، هي لا. ينتهي الحال بهابيل ميِّتًا ويتبيَّن أن قايين مُجرم قاتل.

ثم نلتقي بنوح في تكوين من أصحاح ٦ إلى ٩ ونتساءل إن كان يمكن أن يكون هو ساحق الحية الموعود. تبدو هذه فكرة جيِّدة في البداية - فقد نجا من الطوفان - ولكن، للأسف، تنتهي قصته وإذ هو في حديقته عريانًا وفي حالة من الخزي. إذن، من المؤكَّد أنه ليس هو.

في تكوين ١٢ نتقابل مع شخص ذي أهمية هائلة في التاريخ الكتابي. إذ نلتقي برجل يُدعى إبراهيم. إنه أبو الإيمان وأبو أُمَّة إسرائيل. نجد أن وعد اللهُ بالمُخلِّص يتوسَّع في تكوين ١٢ بينما يَعِد الرب بأن كل

أمم الأرض سوف تتبارك من خلال هذا الرجل إبراهيم. عندئذ نبدأ نفكر أنه ربما يكون هو الموعود الذي سيسحق الحية. ولكن، مرة أخرى، يتحطم رجاؤنا إذ نكتشف كم أن شخصية إبراهيم بها عيوب. فقد كان يخاف كثيرًا على حياته حتى إنه ادَّعى أن زوجته هي أخته لكي ينفد بجلده. لقد كان إبراهيم عملاقًا في الإيمان، ولكن كانت لديه عيوب؛ لذا لم يكن هو المسيَّا الموعود.

من سفر الخروج وحتى التثنية نقرأ عن إنقاذ شعب إسرائيل (نسل إبراهيم) من العبودية في مصر. نقرأ أنه تم منحهم الناموس، ونقرأ عن رحلتهم إلى أرض الموعد. كل هذا يتم تحت قيادة موسى. فهل هو ساحق الحية؟ كلا. في الواقع، قبل موته بقليل، تكلم موسى في **تثنية ١٨: ١٥-١٩** عن وعد الله بإنقاذ شعبه يومًا ما:

«يُقِيمُ لَكَ الرَّبُّ إِلهُكَ نَبِيًّا مِنْ وَسَطِكَ مِنْ إِخْوَتِكَ مِثْلِي. لَهُ تَسْمَعُونَ. حَسَبَ كُلِّ مَا طَلَبْتَ مِنَ الرَّبِّ إِلهِكَ فِي حُورِيبَ يَوْمَ الاجْتِمَاعِ قَائِلاً: لاَ أَعُودُ أَسْمَعُ صَوْتَ الرَّبِّ إِلهِي وَلاَ أَرَى هذِهِ النَّارَ الْعَظِيمَةَ أَيْضًا لِئَلاَّ أَمُوتَ. قَالَ لِيَ الرَّبُّ: قَدْ أَحْسَنُوا فِي مَا تَكَلَّمُوا. أُقِيمُ لَهُمْ نَبِيًّا مِنْ وَسَطِ إِخْوَتِهِمْ مِثْلَكَ، وَأَجْعَلُ كَلاَمِي فِي فَمِهِ، فَيُكَلِّمُهُمْ بِكُلِّ مَا أُوصِيهِ بِهِ. وَيَكُونُ أَنَّ الإِنْسَانَ الَّذِي لاَ يَسْمَعُ لِكَلاَمِي الَّذِي يَتَكَلَّمُ بِهِ بِاسْمِي أَنَا أُطَالِبُهُ».

وإذ تمر السنوات، نعرف أن المُخلِّص **سوف** يكون

من نسل داود.

وسوف يُعرف بأنه

ابن اللهُ.

وسوف

يولد من عذراء،

ويولد في بيت لحم.

وسوف

يُدعى ناصريًّا.

وسوف

يشفي المرضى،

ويشفي العميان،

ويشفي الصُم.

وسوف يكون

نبيًّا،

وكاهنًا،

وملكًا.

وسوف يكون

مكروهًا بلا سبب.

وسوف

يخونه صديق.

وسوف

يُقتل بجوار المجرمين.

وسوف

يموت كذبيحة بديلة.

وسوف

يُدفن.

وسوف

يُقام.

وسوف

يصعد إلى السماء.

وسوف

يسود ويحكم

ملكوتًا أبديًّا.

تُبنى هذه الوعود على بعضها البعض وتخلق ثقلًا يزداد تناميًا من التوقُّعات بينما نقرأ العهد القديم.

الملكوت

يبدأ موضوع ملكوت اللهُ في جنة عدن. هنا نرى تأسيسًا لشكل وهيكل الملكوت.

فهو يتضمن:

شعب اللهُ ممثَّل في آدم وحواء.

مسكن اللهُ في عدن.

العيش تحت سيادة وحكم اللهُ.

يسري هذا الموضوع، مثل النبوة المسيانيَّة، عبر كل الكتاب المُقدَّس – منذ دعوة إبراهيم، وحتى الوعد ببناء أُمَّة عظيمة والوعد بأرض كنعان.

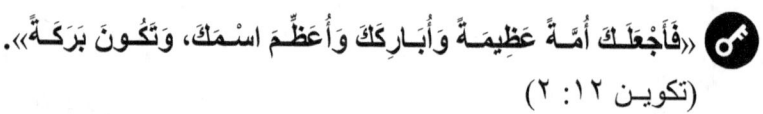

«**فَأَجْعَلَكَ أُمَّةً عَظِيمَةً وَأُبَارِكَكَ وَأُعَظِّمَ اسْمَكَ، وَتَكُونَ بَرَكَةً**». (تكوين ١٢: ٢)

تصف أول خمسة أسفار من الكتاب المُقدَّس ميلاد أُمَّة إسرائيل. نقرأ عن إنقاذهم من العبودية في مصر ورحلتهم إلى أرض الموعد. نقرأ أن حضور اللهُ مع شعبه يظهر، أولًا، في خيمة الاجتماع (خيمة قابلة للنقل حيث وافق اللهُ على أن يجتمع مع الشعب عندما كانوا يرتحلون إلى أرض الموعد)؛ ثم، ثانيًا، الهيكل في أورشليم.

بينما نستمر في القراءة، نلتقي بيشوع، الذي يرسِّخ بقوة نموذج الملكوت لشعب اللهُ، في مسكن اللهُ تحت سيادة وتدبير اللهُ. ولكن، مرة أخرى، نكتشف أنه ليس هو ساحق الحية.

ثـم يُعرِّفنـا الكتـاب المُقـدَّس علـى الملـك داود، فـي صموئيـل الأول والثانـي، إذ يصبـح هـو الملـك الـذي يختـاره اللهُ. هـل يمكـن أن يكـون هـو الملك المُنتظَـر؟ للأسـف، لا. إننـا نلتقـي فقط برجـل آخـر ذي عيوب كثيـرة؛ يلاحـق النسـاء ويقتـل ليحصـل علـى مـا يريـد ويخفـي خطايـاه. ولكـن، نعـرف أن المسيًّا الموعـود - الـذي سوف يسحق الحيـة - سـوف يأتـي مـن نسـل داود الملـك.

«وَمُنْذُ يَـوْمَ أَقَمْـتُ فِيـهِ قُضَـاةً عَلَـى شَـعْبِي إِسْـرَائِيلَ. وَقَـدْ أَرَحْتُـكَ مِـنْ جَمِيـعِ أَعْدَائِـكَ. وَالـرَّبُّ يُخْبِـرُكَ أَنَّ الـرَّبَّ يَصْنَـعُ لَـكَ بَيْتًـا. مَتَـى كَمُلَـتْ أَيَّامُـكَ وَاضْطَجَعْـتَ مَـعَ آبَائِـكَ، أُقِيـمُ بَعْدَكَ نَسْلَكَ الَّـذِي يَخْـرُجُ مِـنْ أَحْشَـائِكَ وَأُثَبِّـتُ مَمْلَكَتَـهُ. هُـوَ يَبْنِـي بَيْتًـا لاسْـمِي، وَأَنَـا أُثَبِّـتُ كُرْسِـيَّ مَمْلَكَتِـهِ إِلَـى الأَبَـدِ». (٢ صموئيـل ٧: ١١-١٣)

سـرعان مـا تنهـار المملكـة بعـد نهايـة حكـم داود. فقـد تمـرَّد الشـعب علـى الـرب بينمـا كان ابنـه سـليمان علـى العـرش. ترسـم أسـفار الملـوك الأول والثانـي وأخبـار الأيـام الثانـي، بالإضافـة إلـى كتابـات الأنبيـاء، تفـكُّك وانحـلال المملكـة. كمـا تصـف هـذه الأسـفار دينونـة اللهُ علـى شـعبه إذ طُـردوا مـن محضـره ومـن أرض كنعـان، وذهبـوا إلـى السـبي.

أخيـرًا، يعـود شـعب إسـرائيل إلـى أرض الموعـد. وهـذا مُسـجَّل لنـا فـي أسـفار عـزرا ونحميـا ويوئيـل وحجـي وعوبديـا وملاخـي. فـي هـذه الأسـفار نـرى **إعـادة بنـاء أسـوار أورشـليم وإعـادة بنـاء الهيـكل**. ولكـن، رغـم كونهـم قـد عـادوا إلـى الأرض، إلا أنـه لا يوجـد ملـك، وهكـذا ينتهـي العهـد القديم بشـعب مُتذمِّر يتـوق لملـك ولاسـتعادة مجـد المملكـة السـابق. وسـاحق الحيـة لـم يـأتِ بعـد.

العهد

تَوَقَّف

العهد كلمة غريبة. في رأيك ما معناها؟

العهود هي وعود رسمية أو اتفاقات بين **الله وشعبه**.

تَوَقَّف

هل يمكنك التفكير في وعد رسمي أو عقد طقسي نستخدمه اليوم؟

هناك نوعان من العهود. تاريخيًّا، كان يوجد اتفاق في الأزمنة القديمة بين الملك ورعاياه، وكان هذا يُعرف باسم **الاتفاقية الملكية**. يبدأ هذا العهد بإعلان **من يكون الملك وماذا فعل**.

«وَقَالَ لَهُ: «أَنَا الرَّبُّ الَّذِي أَخْرَجَكَ مِنْ أُورِ الْكَلْدَانِيِّينَ لِيُعْطِيَكَ هذِهِ الأَرْضَ لِتَرِثَهَا»». (تكوين ١٥: ٧)

«أَنَا الرَّبُّ إِلهُكَ الَّذِي أَخْرَجَكَ مِنْ أَرْضِ مِصْرَ مِنْ بَيْتِ الْعُبُودِيَّةِ». (خروج ٢٠: ٢)

يصف النوع الثاني من العهود ما يطلبه الملك من رعاياه. في هذا العهد تكون هناك قائمة من البركات للطاعة وقائمة من العقوبات نتيجة كسر العهد.

«وَأَوْصَى الرَّبُّ الإِلهُ آدَمَ قَائِلاً: مِنْ جَمِيعِ شَجَرِ الْجَنَّةِ تَأْكُلُ أَكْلاً، وَأَمَّا شَجَرَةُ مَعْرِفَةِ الْخَيْرِ وَالشَّرِّ فَلاَ تَأْكُلْ مِنْهَا، لأَنَّكَ يَوْمَ تَأْكُلُ مِنْهَا مَوْتًا تَمُوتُ». (تكوين ٢: ١٦-١٧)

إن **لاويين ١٨ : ٥** هو بمثابة مُلخَّص لطريقة عمل العهد.

«فَتَحْفَظُونَ فَرَائِضِي وَأَحْكَامِي، الَّتِي إِذَا فَعَلَهَا الإِنْسَانُ يَحْيَا بِهَا. أَنَا الرَّبُّ». (لاويين ١٨: ٥)

الرسالة واضحة:

أطِع فتحيا،

تمرَّد وواجه عدالة الملك.

المشكلة التي نقرأ عنها طوال تاريخ العالم هي أن الجنس البشري غير قادر تمامًا على حفظ قواعد العهد. نحن نقع دائمًا في الخطية والعصيان. نحن ببساطة غير راغبين كما أننا عاجزون عن حِفظ الاتفاق.

تَوَقَّف

في رأيك ما هي عواقب كسر العهد بالنسبة لنا؟

دعني أُكرِّر. الخطية تعني أننا لا نرغب وكذلك نعجز عن أن نطيع. إن كنا سنعيش في ظل بركة الرب، فسنحتاج إذن لنوع آخر من العهود. عهد لا يعتمد على طاعة الخطاة.

تَوَقَّف

هل يجب أن نحاول حل مشاكل خطيتنا بمزيد من الاجتهاد؟ ما هي الطرق التي بها حاولت أن ترضي اللّه؟

رينيه

تقريبًا كل كلمة تقولها رينيه تليها كلمة قَسَم، حتى إنها لا تلاحظ كثرة المرات التي تحلف فيها. لقد كان هذا فقط جزءًا من حديثها اليومي المعتاد. ولكن، عندما اختلطت رينيه بالناس في الكنيسة، كانت تسلك بأفضل ما يمكنها. عملت رينيه بجد حتى تُلجِّم طريقتها في الكلام وتراقبها. ولكن، ما أن تصل إلى البيت حتى يصفو لها الجو لتفعل ما تريد.

ولكن إحدى المرات حدث موقف ما في الكنيسة حيث قالت «كلمة سيئة». ذات يوم، عندما كانت تعمل في مطبخ الكنيسة، أحرقت يدها وانفلت لسانها. سمعها مؤمن آخر وعلى الفور تحدَّاها من أفسس ٤: «**لاَ تَخْرُجْ كَلِمَةٌ رَدِيَّةٌ مِنْ أَفْوَاهِكُمْ**». شعرت رينيه بالغضب يتصاعد في داخلها. من يظن نفسه هذا الشخص، إذ يرمي في وجهها كلمات الكتاب المُقدَّس؟ خرجت رينيه، وقد أقسمت ألا تعود أبدًا. ولكن، على قدر ما حاولت، لم تقدر أن تُخرِج هذه الآية من ذهنها باقي اليوم. وبينما كانت مستلقية تلك الليلة أدركت فجأة كم كانت طريقتها في الكلام سيئة. تقريبًا كل كلمة تخرج من فمها تليها كلمة لا لزوم لها فقط لتملأ بها الفراغ. كيف لم تلاحظ هذا من قبل؟ بدأت تشعر بأن قلبها مثقَّل بشأن هذه المسألة وطلبت من اللهُ أن يساعدها في السيطرة على لسانها وأن يُطهِّر طريقتها في الكلام.

تَوَقَّف

هـل تظـن أن رينيـه قـد أدركـت بالفعـل أن خطيتهـا هـي مشـكلة في القلب؟ لماذا تقول هذا؟

«هَـا أَيَّـامٌ تَأْتِـي، يَقُـولُ الـرَّبُّ، وَأَقْطَـعُ مَـعَ بَيْـتِ إِسْـرَائِيلَ وَمَـعَ بَيْـتِ يَهُـوذَا عَهْـدًا جَدِيـدًا. لَيْـسَ كَالْعَهْـدِ الَّـذِي قَطَعْتُـهُ مَـعَ آبَائِـهِمْ يَـوْمَ أَمْسَـكْتُهُمْ بِيَدِهِـمْ لأُخْرِجَهُـمْ مِـنْ أَرْضِ مِصْـرَ، حِيـنَ نَقَضُـوا عَهْـدِي فَرَفَضْتُهُـمْ، يَقُـولُ الـرَّبُّ. بَـلْ هـذَا هُـوَ الْعَهْـدُ الَّـذِي أَقْطَعُـهُ مَـعَ بَيْـتِ إِسْـرَائِيلَ بَعْـدَ تِلْـكَ الأَيَّـامِ، يَقُـولُ الـرَّبُّ: أَجْعَـلُ شَـرِيعَتِي فِـي دَاخِلِهِمْ وَأَكْتُبُهَـا عَلَـى قُلُوبِهِـمْ، وَأَكُـونُ لَهُـمْ إِلهًـا وَهُـمْ يَكُونُـونَ لِـي شَـعْبًا. وَلاَ يُعَلِّمُـونَ بَعْـدُ كُلُّ وَاحِـدٍ صَاحِبَـهُ، وَكُلُّ وَاحِـدٍ أَخَـاهُ، قَائِلِيـنَ: اعْرِفُـوا الـرَّبَّ، لأَنَّهُـمْ كُلَّهُـمْ سَـيَعْرِفُونَنِي مِـنْ صَغِيرِهِـمْ إِلَـى كَبِيرِهِـمْ، يَقُـولُ الـرَّبُّ، لأَنِّـي أَصْفَـحُ عَـنْ إِثْمِهِـمْ، وَلاَ أَذْكُـرُ خَطِيَّتَهُـمْ بَعْـدُ». (إرميـا ٣١: ٣١-٣٤)

«وَأُعْطِيكُـمْ قَلْبًـا جَدِيـدًا، وَأَجْعَـلُ رُوحًـا جَدِيـدَةً فِـي دَاخِلِكُـمْ، وَأَنْـزِعُ قَلْـبَ الْحَجَـرِ مِـنْ لَحْمِكُـمْ وَأُعْطِيكُـمْ قَلْـبَ لَحْـمٍ». (حزقيـال ٣٦: ٢٦)

تَوَقَّف

مـن الواضـح أن الكتـاب المُقـدَّس لا يتكلـم عـن عمليـة زرع قلـب حرفيـة. إذن، فـي رأيـك، مـا معنـى أن يكـون لديـك قلـب جديـد؟

ما الاختلافات التي تراها في حياتك منذ أن أعطاك اللهُ قلبًا جديدًا؟

راندي

يحصل رينيه وراندي على تأمين اجتماعي منذ عدة سنوات، منذ أن تقاعد راندي عن عمله كسائق حافلات. فراندي مصاب بمرض السكري وعانى من نوبة قلبية شديدة. وإذ لم يَعُد قادرًا على العمل وليس لديه رجاء في الحصول على عمل آخر، وقَّع أخيرًا ليحصل على منافع الرعاية الاجتماعية.

كان أول عيد ميلاد بعد فقد راندي عمله صعبًا. كان المال شحيحًا، وعَمِلت رينيه في بعض أعمال التنظيف لتساعدها لدفع ثمن هدايا الأحفاد. لم يفكر راندي ولا رينيه في إعلان دخلهما لئلَّا يدفعا الضرائب عنه. في الواقع، لم يسبق أن أعادا النظر حتى في الأمر. الكل يفعل ذلك؛ يخفي بعض المال دون أن يشعر به أحد. هذا لا يؤذي أحدًا.

لم تمر سوى أشهر قليلة بعد أن أصبحا مسيحيين حتى صُدِموا من أن ما كانا يفعلانه كان عملًا غير أمين. كان راندي يشعر بالذنب. وقد تكلم مع رينيه عن الذهاب إلى الشئون الاجتماعية ليخبرهم بالحقيقة ويعترف بأنهما كانا يعبثان بالنظام. توسَّلت إليه رينيه قائلة: «ولكن لما لا أتوقف عن العمل فحسب؟ ليس علينا في الواقع أن نخبرهم، أليس كذلك؟ أنا قلقة جدًّا. ماذا لو وقعنا في مشاكل خطيرة أو حتى دخلنا السجن! لا يمكن أن نقول لهم فحسب!»

تَوَقَّف

من يظهر علامات تغيير قلبي حقيقي؟ رينيه أم راندي؟

الذبيحة البديلة

منذ لحظة دخول الخطية والخزي إلى العالم، **ظهرت الذبيحة البديلة كحلٍّ للمشكلة**. بينما وقف آدم وحواء عريانين، مُدانين وخجلين، وسرعان ما سيتم طردهما من جنة عدن ومن محضر اللهُ، غطَّى اللهُ برأفته خزيهما بجلود حيوان ما.

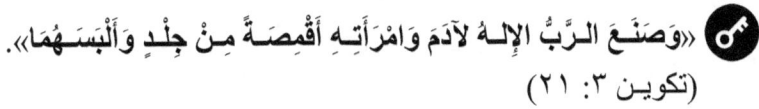

«**وَصَنَعَ الرَّبُّ الإِلهُ لآدَمَ وَامْرَأَتِهِ أَقْمِصَةً مِنْ جِلْدٍ وَأَلْبَسَهُمَا**». (تكوين ٣: ٢١)

نتعلم درسًا بسيطًا وعميقًا من تدبير اللهُ الرؤوف لآدم وحواء. لكي يتم ستر الخطية والعار، **لا بد أن يموت بديل، ولا بد أن تُسفك دماء**. وبينما تتتابع قصة الكتاب المُقدَّس، يتم التركيز على هذه الحقيقة بطريقة واضحة. توضِّح قصة الفصح وإنقاذ إسرائيل من مصر، متبوعة بتأسيس نظام الذبائح، بقوة أنه لكي يتم ستر الخطية ينبغي أن يموت بديل. بالتالي يقودنا الكتاب المُقدَّس إلى يسوع الذي مات ليأخذ عنا خطايانا على الصليب.

مُلخَّص

مفتاح قراءة العهد القديم هو تتبُّع الموضوعات الرئيسية التي تتكشَّف على مر السنين. في كل أجزاء أسفاره الـ ٣٩، وبمختلف

أساليب كتابته الأدبية، وشخصياته الكثيرة، يمكننا تتبُّع الوعود التي يقطعها اللهُ طوال الطريق. رأينا في الجزء الأول أن **العهد القديم هو كتاب الوعود التي سوف تتحقَّق.**

في الجزء الثاني سوف نرى أن العهد الجديد هو كتاب **تحقيق وعود اللهُ.**

آيات للحفظ

«بِمَ يُزَكِّي الشَّابُّ طَرِيقَهُ؟ بِحِفْظِهِ إِيَّاهُ حَسَبَ كَلاَمِكَ بِكُلِّ قَلْبِي طَلَبْتُكَ. لاَ تُضِلَّنِي عَنْ وَصَايَاكَ. خَبَأْتُ كَلاَمَكَ فِي قَلْبِي لِكَيْلاَ أُخْطِئَ إِلَيْكَ». (مزمور ١١٩: ٩-١١)

ما المقصود؟

يرينا العهد الجديد أن يسوع هو المُخلِّص.

٦ - كيف أقرأ الكتاب المُقدَّس؟

الجزء الثاني (العهد الجديد)

تَوَقَّف

هل تتذكر نوع الوعود التي تكلمنا عنها في العهد القديم؟

في الفصل السابق بدأنا بالقول بأن العهد القديم هو كتاب وعود. وسلَّطنا الضوء على قليل من هذه الوعود. ثم نظرنا على بعض المواضيع الرئيسية الموجودة في العهد القديم.

في العهد الجديد ننتقل من الوعد إلى التحقيق، إذ حقَّق اللهُ ما وعد به وخطَّط له. سوف نتناول المواضيع الأربعة التي ألقينا عليها نظرة في الفصل الخاص بالعهد القديم، وسوف نلقي نظرة سريعة على الكيفية التي بها تجد هذه المواضيع تتميمها في يسوع وكنيسته، وكيف تم التغلُّب على مشكلتَيْ الخطية والموت العظيمتين.

توضيح

لطالما أحبَّت رينيه أن تسمع القصص من جِدَّتها عن تاريخ عائلتها. فقد اشترك جِدَّها في الحرب العالمية الأولى وحصل على بعض الميداليات لشجاعته. عندما كانت رينيه طفلة اعتادت

أن تُخرِج كل صور عائلتها وتضعها على طول مائدة المطبخ لتتحدث عن تاريخ العائلة.

في الأسبوع الماضي رأت إعلانًا تجاريًّا يقول: «من تظن أنك أنت؟» كان هذا إعلانًا عن برنامج إليكتروني يساعد في رسم شجرة العائلة. وكانت تكلفته ٧,٩٩ جنيهًا إسترلينيًّا فقط في الشهر. فقالت لراندي: «يا راندي، أحب أن أفعل هذا. هل يمكنك أن تساعدني في إنشاء حساب على هذا البرنامج؟»

لكل شخص شجرة عائلة.

حتى يسوع.

يبدأ العهد الجديد بهذه العبارة:

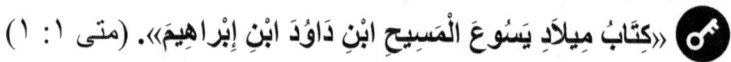

«كِتَابُ مِيلاَدِ يَسُوعَ الْمَسِيحِ ابْنِ دَاوُدَ ابْنِ إِبْرَاهِيمَ». (متى ١: ١)

تَوَقَّف

كتاب الميلاد كلمة منمّقة إلى حدٍ ما. ماذا تعني في رأيك؟

من أولى كلماته فصاعدًا، يهدف العهد الجديد إلى أن يثبت لقُرَّائه أن:

يسوع هو المسيَّا. إنه هو «الممسوح/المختار»،

الذي جاء لكي

يُدمِّر أعمال العدو

وليُخلِّص شعبه.

تتمثَّل إحدى الطرق الرئيسية التي بها حقَّق كتبة العهد الجديد هدفهم، في إثباتهم كيف يُتمِّم يسوع كل نبوة متعلقة بمجيء المسيَّا في أسفار العهد القديم.

يبدأ متى إنجيله بإعطائنا تقريرًا مُفصَّلًا عن شجرة عائلة يسوع. تبدو قائمة الأسماء الكبيرة طريقة مملَّة يبدأ بها متى سفرًا هامًّا كهذا، ولكنه يتحرق لأن يفهِّم قُرَّاءه أن **يسوع الناصري هو الموضوع الأهم**. في الأصحاح الأول وحده، يخبرنا بأن يسوع يحقِّق ثلاث نبوات هامة:

فقد جاء من نسل داود،

وجاء من نسل إبراهيم،

وقد وُلد من عذراء بقوة الروح القدس.

كان كل هذا بالضبط ما وعد به إشعياء النبي قبل أن يضع متى حتى قلمه على الورق بأكثر من ٧٠٠ عامًا!

تَوَقَّف

كم أن هذا عجيب! خذ دقيقة واحدة فقط وفكّر في الأمر. قبل ٧٠٠ عامًا من تدوين متى لشجرة عائلة يسوع، شارك نبي تفاصيل ميلاده وتراثه. ماذا سيخبرنا هذا عن يسوع؟

هناك ٦١ نبوة مسيانيَّة مختلفة في العهد القديم، **ويسوع الناصري تمَّم كل واحدة منها**. الآن قد تظن أن هذا ليس بالأمر الجلل، ولكنك بهذا تكون مُخطئًا تمامًا. هذا أمر في غاية الأهمية!

٥ توضيح

يحب راندي، زوج رينيه، أن يخرج في رحلات بين الحين والآخر، يذهب فيها إلى وكلاء المراهنات ليراهن على الخيول. أحيانًا، يلعب كرة القدم أيضًا. لذا فهو على علم بحساب الاحتمالات.

حسنًا، احتمال أن يحقِّق يسوع بالصدفة ٨ نبوات فقط من بين ٦١ نبوة يساوي ١: ١٠×١٠ ^١٧^.[١]

هذه احتمالات عالية جدًّا، ولكنها تبهت وتصغر لتصل إلى حد التفاهة إذا ما وُضعت بجوار الاحتمالات المذهلة لتحقيق **الـ ٦١ نبوة بالكامل.**

تبلغ هذه الاحتمالات: «واحد في تريليون، تريليون، تريليون، تريليون، تريليون، تريليون، تريليون، تريليون، تريليون، تريليون، تريليون، تريليون، تريليون».[٢]

على مر السنين ادَّعى يهود كثيرون بأنهم المسيَّا الذي طال انتظاره، ومع ذلك سقط كل واحد منهم في اجتياز عَقَبة الـ ٦١ نبوة المسيانيَّة، حتى مجيء يسوع الناصري والذي أصبح هو الواحد في تريليون، تريليون، تريليون، تريليون، تريليون، تريليون، تريليون، تريليون، تريليون، تريليون، تريليون، تريليون، تريليون. يعطينا العهد القديم علامات، تُمكِّننا من التعرُّف على المسيَّا عندما يأتي. ادَّعى أشخاص كثيرون قبل وبعد ميلاد يسوع بأنهم المسيَّا ولكن

---

[1] Peter W. Stoner, *Science Speaks* (Chicago: Moody Press, 1958), 97-110.

[2] Lee Strobel, The Case for Faith (Grand Rapids, MI: Zondervan, 2000), 262.

ولا واحد منهم تمَّم نبوات العهد القديم تلك. أما يسوع فقد حقَّق كل واحدة منها.

تَوَقَّف

كيف نفكر في يسوع الآن بعد أن عرفنا أنه حقَّق نبوات العهد القديم مقابل تلك الاحتمالات الإحصائية الهائلة؟

يوضِّح كتبة العهد الجديد بشتَّى الطرق حقيقة أن يسوع قد تمَّم كل وعد ونبوة في العهد القديم. إنهم يريدوننا أن نسمع بوضوح وبصوتٍ عالٍ أن،

الملك المسياني قد جاء، وسيأتي ثانيةً.

وإذ نتقدَّم في قراءة الأناجيل ينبغي أن نتطَلع بحرص على كل المواضع التي جاء فيها شيء على غرار: «**وَهَذَا كُلُّهُ كَانَ لِكَيْ يَتِمَّ مَا قِيلَ مِنَ الرَّبِّ بِالنَّبِيِّ...**» في الفصل السابق لاحظنا أن هذه الوعود تُبنى على بعضها البعض وتخلق ثقلًا هائلًا من التوقُّعات وشعورًا بالشوق العميق.

تتحقَّق كل هذه التوقُّعات والأشواق بالكامل وبشكل نهائي في شخص وعمل يسوع الناصري.

رآه كُتَّاب الإنجيل يُتمِّم هذه النبوات الكتابية. في **يوحنا ٢٠: ٣١**، يقول الرسول إنه كتب إنجيله «**لِتُؤْمِنُوا أَنَّ يَسُوعَ هُوَ الْمَسِيحُ ابْنُ اللهِ، وَلِكَيْ تَكُونَ لَكُمْ إِذَا آمَنْتُمْ حَيَاةٌ بِاسْمِهِ**».

ملكوته

في العهد الجديد، بمجيء الملك يسوع المسيح وولادة كنيسته، يتوسَّع ويتحقَّق موضوع ملكوت اللهُ. في الفصل السابق ناقشنا شكل وطبيعة الملكوت. إنه

شعب اللهُ في

مسكن اللهُ

تحت سيادة وحُكم اللهُ.

في العهد القديم، فكَّر شعب إسرائيل في أرض إسرائيل عندما كانوا يفكرون في ملكوت اللهُ. ولكن في العهد الجديد، نرى أن ملكوت اللهُ يبلغ مداه وجه الأرض وأنه مكوَّن من شعب من كل **لسان وقبيلة وأُمَّة**.

لذا، إذ يبدأ العهد الجديد بإعلان وصول الملك الذي طال انتظاره، سرعان ما ندرك أن وصوله لا يُلبِّي توقُّعات ورغبات الحُكَّام الدينيين في إسرائيل.

تَوَقَّف

كيف كانوا يتوقَّعون أن يكون المسيَّا الذي يريدونه؟ فكِّر فيما ناقشناه في الفصل السابق.

كانوا يتوقَّعون من المسيَّا

أن يأتي بقوة.

أن يحطم أعداءهم.

أن يطيح بالرومان.

أن يعيد تأسيس أيام الملك داود وسليمان المجيدة.

ولكن، الأمر لم يسِر هكذا! في الواقع، وصل يسوع إلى المشهد داعيًا الشعب إلى التوبة والإيمان.

«**تُوبُوا لأَنَّهُ قَدِ اقْتَرَبَ مَلَكُوتُ السَّمَاوَاتِ**». (متى ٤: ١٧)

يعلن يسوع أن الملكوت قد جاء. ولكن، بدلًا من سحق الرومانيين الأشرار، **يدعو شعب إسرائيل إلى التوبة والثقة به للخلاص**. إنه لا يسعى إلى الغنى ولا القوة ولا أن يصادق أصحاب التأثير والنفوذ.

بل، رافق بمحبته المساكين والمظلومين والمنسحقين والمطرودين والعامة والخطاة.

كان أصدقاؤه المُقرَّبين مجموعة غير مترابطة من الرجال والنساء من الطبقة العاملة. كانوا من اللصوص والثرثارين وحتى إرهابيين. إنه يتحدث عن ملكوت الله ولكن **الملكوت الذي يتكلم عنه ملكوت غريب تمامًا على القادة اليهود**. في ملكوت يسوع،

الأولون في هذه الحياة سيكونون آخرين.

الآخرون في هذه الحياة سيكونون أولين.

المتكبرون في هذه الحياة سوف يوضعون.

والمُتَّضعون سوف يُرفعون.

الطريق إلى العظمة هو الخدمة.

الطريق إلى الحياة هو الموت عن الذات.

يسوع الملك لا يأتي ليسود ويحكم بالطريقة التي كان اليهود يتوقَّعونها بل ليخدم ويموت عن شعبه. يسوع هو

الخادم المثالي وليس المحارب الجبار.

المُخلِّص المُتَّضع وليس الذي يغزو.

«لأَنَّ ابْنَ الإِنْسَانِ قَدْ جَاءَ لِكَيْ يَطْلُبَ وَيُخَلِّصَ مَا قَدْ هَلَكَ». (لوقا ١٩: ١٠)

يتحقَّق خلاص شعبه من خلال

حياته الكاملة،

موته كذبيحة،

قيامته الانتصارية.

(سوف نتطلَّع على هذه أكثر تفصيلًا في الموضوع الأخير من الفصل).

بعد موته وقيامته، أرسل يسوع أتباعه إلى العالم ليبشِّروا بالإنجيل، ويتلمذوا ويعلنوا ملكوته الآتي للأمم.

عليهم أن يذهبوا سالمين آمنين عالمين أن **يسوع الملك سوف يعود**

ليؤسِّس ملكوته **بالكامل**

ليقضي على أعدائه

ويعيش مع شعبه إلى الأبد

في السماء الجديدة والأرض الجديدة.

تَوَقَّف

الآن بما أنك شخص مسيحي وواحد من أتباعه، فما رأيك في معنى هذا بالنسبة لحياتك؟ كيف سيغيّر هذا أسلوب حياتك الذي تعيش به الآن؟

«وَلَمَّا رَأَوْهُ سَجَدُوا لَهُ، وَلكِنَّ بَعْضَهُمْ شَكُّوا. فَتَقَدَّمَ يَسُوعُ وَكَلَّمَهُمْ قَائِلاً: «دُفِعَ إِلَيَّ كُلُّ سُلْطَانٍ فِي السَّمَاءِ وَعَلَى الأَرْضِ، فَاذْهَبُوا وَتَلْمِذُوا جَمِيعَ الأُمَمِ وَعَمِّدُوهُمْ بِاسْمِ الآبِ وَالابْنِ وَالرُّوحِ الْقُدُسِ. وَعَلِّمُوهُمْ أَنْ يَحْفَظُوا جَمِيعَ مَا أَوْصَيْتُكُمْ بِهِ. وَهَا أَنَا مَعَكُمْ كُلَّ الأَيَّامِ إِلَى انْقِضَاءِ الدَّهْرِ. آمِينَ». (متى ٢٨: ١٧-٢٠)

يروي سفر الأعمال قصة **الرسل**. كان هؤلاء الرجال، مملوئين من قوة الروح القدس، قد نقلوا الخبر السار الخاص بيسوع إلى العالم. ونتيجة لهذا، تمت زراعة كنائس كثيرة. كان يُنظر إلى هذه الكنائس المحلية على أنها سفارات لملكوت الله. في هذه الكنائس، عاش المسيحيون – أولئك الذين تابوا عن الخطية ووثقوا بالمسيح للخلاص – في مجتمع مع بعضهم البعض.

كل رسائل العهد الجديد مكتوبة من الرسل إلى كنائس ورعاة،

لتساعدهم على طاعة تعليم يسوع

وليعيشوا حياة مُقدَّسة في هذا العالم.

رينيه

كانت رينيه تتسوق يوم الأربعاء مساءً عندما قابلت أودري. كانت رينيه وأودري عدوَّتين لسنوات. يرجع هذا إلى وقت أن تشاجر أولادهما في المدرسة، ومنذ ذلك الوقت، في كل مرة تقابلتا فيها كانتا تدخلان في جدالات فظَّة. ذات مرة، وصل الأمر إلى العنف وتم استدعاء الشرطة. كرهت رينيه هذه المرأة وكان هذا كل ما في قلبها من جهتها.

ولكن، مؤخرًا شعرت رينيه بالتبكيت بشأن موقفها نحو هذه المرأة. كانت تصارع مع فكرة الغفران لأودري. ثم سمعت عظة عن كون المرء سفيرًا على الأرض ليسوع الملك، والتي غيَّرت فكرها بشكل كبير. كان يُفترض أن تكون أكثر شبهًا بيسوع وأقل شبهًا بأصدقائها غير المسيحيين. لذا، بدلًا من الصراخ في وجه أودري في المتجر، اختارت أن تتجاهلها. شعرت أنها فخورة جدًّا بنفسها لكونها تشبه يسوع وكونها سفيرة جيدة!

تَوَقَّف

لكل سفارة في العالم سفراء، يمثّلون بلدهم. هل تظن أن رينيه سفيرة جيدة ليسوع هنا؟ في رأيك ماذا ينبغي أن تفعل رينيه في المرة التالية التي تقابل فيها أودري؟

ينبغي أن تعمل كل كنيسة محلية كشاهدٍ أمام العالم الذي يراقب. الكنائس موجودة لتدعو كل الناس في كل مكان

ليتوبوا عن الخطية

ويثقوا بيسوع

ويخضعوا لحكمه وتدبيره.

كما أن كل كنيسة محلية موجودة لكي تحذِّر العالم من أنَّ

ملكوت اللهُ آتٍ

وأن الملك سيعود.

وكذلك، عليها أن تعلن أن

هناك البعض ممن ينتمون لهذا الملكوت ويرضونه

وآخرون لا ينتمون إليه وهم واقعون تحت غضب الملك.

تَوَقَّف

عندما ينظر الناس إلى حياتك، ما الذي تُخبر به عن يسوع؟

عندما يعود يسوع الملك، من لم يلتفتوا إليه بتوبة وإيمان سوف يُطرحون في الجحيم إلى الأبد حيث سينالون العقاب العادل على تمرُّدهم وخطيتهم.

ولكن، من وضعوا ثقتهم في يسوع سوف يُجعلون مثله ويعيشون معه في ملكوته الأبدي. ينتهي الكتاب المُقدَّس برؤية مجيدة تتكلم عن هذا الحدث.

«وَسَمِعْتُ صَوْتًا عَظِيمًا مِنَ السَّمَاءِ قَائِلاً: هُوَذَا مَسْكَنُ اللهِ مَعَ النَّاسِ، وَهُوَ سَيَسْكُنُ مَعَهُمْ، وَهُمْ يَكُونُونَ لَهُ شَعْبًا، وَاللهُ نَفْسُهُ يَكُونُ مَعَهُمْ إِلهًا لَهُمْ. وَسَيَمْسَحُ اللهُ كُلَّ دَمْعَةٍ مِنْ عُيُونِهِمْ، وَالْمَوْتُ لاَ يَكُونُ فِي مَا بَعْدُ، وَلاَ يَكُونُ حُزْنٌ وَلاَ صُرَاخٌ وَلاَ وَجَعٌ فِي مَا بَعْدُ، لأَنَّ الأُمُورَ الأُولَى قَدْ مَضَتْ». (رؤيا ٢١: ٣-٤)

يا له من وعد لنا! ويا لها من تعزية ورجاء عظيمين لنا في الحياة الآتية!

العهد الجديد والبديل

في الفصل السابق قلنا إن لاويين ١٨: ٥ هو بمثابة مُلخَّص لكيفية عمل العهد القديم. «فَتَحْفَظُونَ فَرَائِضِي وَأَحْكَامِي، الَّتِي إِذَا فَعَلَهَا الإِنْسَانُ يَحْيَا بِهَا. أَنَا الرَّبُّ».

تحت ظل العهد القديم كانت القواعد بسيطة: أطِع فتحيا، أو تمرَّد وواجه عدالة الملك. ولكن، حقيقة الخطية تعني أن الناس كانوا دائمًا عاجزين وغير مستعدين أن يحفظوا جانبهم من الاتفاق.

بالتالي، كان هناك احتياج لنوع آخر من العهود؛ نوع لا يعتمد على طاعة الخطاة. وهذا بالضبط ما نجده في العهد الجديد. هنا نجد يسوع الملك يُتمِّم كل مطاليب العهد القديم، بينما يؤسِّس عهدًا جديدًا لنا.

تَوَقَّف

إلى أي مدى أنت مطيع في الحياة؟ هل تعمل دائمًا ما يُقال لك أن تعمله؟ هل تتَّبع دائمًا حرف الناموس؟

اللهُ واضح. يجب تتميم الناموس. لا يمكن وضعه جانبًا هكذا ببساطة.

لا نقدر **نحن** أن نطيعه بالتمام.

يسوع وحده يقدر.

عاش يسوع حياة الطاعة الكاملة التي يطلبها اللهُ وبذلك ربح مكافأة الحياة.

وأخذ على نفسه

لعنة الناموس،

وعقاب الخطية والتمرُّد

في ذهابه إلى الصليب.

في الواقع،

أخذ يسوع على نفسه خطية شعبه

وواجه العقوبة العادلة التي يستحقونها.

لقد انسحق يسوع تحت كامل ضراوة غضب اللهُ. على الصليب مات الموت الذي يستحقه شعبه.

سدَّد يسوع كل متطلبات العهد القديم لأجلنا، أطع فتحيا، تمرد وواجه عدل الملك.

لقد أخذ مكان المُتمرِّدين وهكذا واجه عدل الملك. طوال الوقت كان مطيعًا لله ولذا هو يحيا الآن.

قيامة يسوع هي البرهان العظيم على أن حياته وموته كانا مقبولين لدى الآب وأنه قد تمَّم كل الناموس.

وإذ تمَّم يسوع العهد القديم، أسَّس عهدًا جديدًا. يتطلَّب هذا العهد الجديد الإيمان بيسوع. الخبر السار هو أن كل من يثق به ينال ليس فقط بره، بل أيضًا الحياة الأبدية. **الروح القدس يمنح الآن الحياة الجديدة لمن مات يسوع لأجلهم**. إذ ننال قلبًا جديدًا يكره الخطية ويحب يسوع ويتَّكل عليه. **علاوة على ذلك، نعيش الآن بسعادة في طاعة لله. ونحن نفعل ذلك بدافع الشكر من أجل نعمته لنا في المسيح**. بعد ذلك نعتمد احتفالًا في شركة مع المؤمنين في الكنيسة المحلية. فتلتقي الكنائس معًا متذكِّرين عمل يسوع نيابة

عنهم، بما في ذلك ذبيحته العظيمة، حتى نلتقي به عند موتنا أو عندما يأتي ثانية.

مُلخّص

من أولى كلماته فصاعدًا، يبيّن العهد الجديد بوضوح أن يسوع هو المسيَّا المختار ليُدمِّر أعمال العدو ويُخلِّص شعبه من خطاياهم. وهو يُتمِّم كل نبوة تحدثت عن مجيئه في أسفار العهد القديم. وكما يقول الوعد، فيه تبارك جميع الأمم. وهو مُقدَّم مجانًا للكل لأجل الخلاص. يسوع ١٠٠٪ هو المكسب المضمون.

آيات للحفظ

«لأَنَّ أُجْرَةَ الْخَطِيَّةِ هِيَ مَوْتٌ، وَأَمَّا هِبَةُ اللهِ فَهِيَ حَيَاةٌ أَبَدِيَّةٌ بِالْمَسِيحِ يَسُوعَ رَبِّنَا». (رومية ٦: ٢٣)

ما المقصود؟

الكتاب المُقدّس
كله وثيق الصلة بنا
اليوم.

٧ - هل لا يزال الكتاب المُقدَّس ذا صلة بنا اليوم؟

تَوَقَّف

إذن، ماذا تظن؟ هل تعتقد أن الكتاب المُقدَّس ذا صلة بنا اليوم؟ كله؟ بعضه؟ لا شيء منه؟

حتى الآن، أثبتنا أن الكتاب المُقدَّس جدير بالثقة ١٠٠٪. ولكن، ماذا يعني هذا؟ لماذا نتكبَّد مشقَّة قراءته؟ أقصد، ماذا لدى كتاب قديم كُتب من آلاف السنين ليقوله لمن يعيشون في قرننا الحادي والعشرين؟

راندي

قال راندي وهو يقرأ جريدته: «رينيه، سأظل أقول لك أنك تضيِّعين وقتك. هذا الكتاب المُقدَّس الحماسي الفارغ ما هو إلا شيء قديم لا مغزى له. أنا لا أعرف لماذا تمضين وقتًا طويلًا كهذا في قراءته؟ إنها في رأيي مَضْيَعة فارغة للوقت». فأجابته رينيه وهي تجلس على المائدة وأمامها كتابها المُقدَّس مفتوحًا: «حسنًا، أنا لم أسألك، أليس كذلك؟» فقد شعرت كما لو أنه في كل مرة فتحت فيها كتابها، يبدأ راندي يجادلها، حتى إنها تساءلت أحيانًا ما إذا كان على حق.

مِثْل راندي، يقول أناس كثيرون إن الكتاب المُقدَّس ليس له صلة بنا على الإطلاق. لذا، دعونا نلقي نظرة على سببين لكونهم على خطأ.

أولًا، يخلط الناس بين علاقتنا الوثيقة بالكتاب المُقدَّس وبين شعبيَّته. لدى الكتاب المُقدَّس الكثير ليقوله عن مواضيع مثل الحياة والموت، طبيعة الخير والشر، دور كل جنس، النقاوة الجنسية، المثلية الجنسية والزواج والطلاق. المشكلة التي لدى الكثيرين هي أن ما يقوله الكتاب المُقدَّس يتعارض مع ما تؤمن به ثقافتنا العصرية.

لهذا السبب، يرفض الناس الكتاب المُقدَّس باعتباره شديد التعصُّب، ضيِّق الأفق، وغبيًّا.

ثانيًا، يظن أشخاص كثيرون في المجتمع اليوم أن الأحدث دائمًا أفضل. بالتالي، ولأن الكتاب المُقدَّس كتاب قديم، يعتبر بلا فائدة بالنسبة للعالم العصري.

دعونا نلقي نظرة على هذه المسائل بمزيد من التفصيل.

الخلط بين علاقة الكتاب المُقدَّس بنا وبين شعبيَّته

توضيح

فلنفترض أنني أعرف أنك مُصاب بمرض مميت، ولكنه قابل للعلاج. هل ينبغي أن أحتفظ بهذه الأخبار لنفسي، أم ينبغي أن أخبرك فتتمكن من الحصول على العلاج؟ لماذا يُعَد أمرًا سيئًا أن أحتفظ بالأخبار لنفسي من باب الخوف من أن أُسبِّب لك شيئًا من المضايقة؟

من الواضح أنه ينبغي أن أخبرك بالأخبار، بقدر ما هي سيئة. هل سيتم الترحيب بهذه الأخبار بأغاني الفرح وسعادة لا مثيل لها؟ كلا. أتخيل ألا يتم الترحيب بأخبار هذا المرض المميت أبدًا، فهي غير

مريحة وغير مستساغة وغير محبوبة. ومع ذلك ستكون أكثر معلومة ذات صلة وأهمية يمكن أن تتلقاها في يوم من الأيام. ماذا لو كان بيتك يحترق، ولكن إنه منتصف الليل وأنت تكره أن يوقظك أحد بشكل مفاجئ؟ هل ينبغي أن أقول: «إنه من عدم الإحساس وعدم اللطف أن نوقظ الناس فجأة في منتصف الليل، سوف أتركهم ينامون!» كلا. سيكون هذا أمرًا شريرًا. ينبغي أن أتصل بفرقة الإطفاء وأحاول أن أنقذك.

نفس الشيء ينطبق على الكتاب المُقدَّس وما يُعلِّم به. لديه بعض الأمور الصعبة ليقولها للجنس البشري. إنه يخبرنا أن العالم كله في حالة تمرُّد على ملك الكون. وبسبب هذا، فالعالم كله في خطر شديد من أن **يُسحق إلى الأبد في جهنم**.

ولكن

صنع الملك طريقًا لنا لنهرب من العقاب. بالتوبة عن خطايانا ووضع إيماننا بيسوع وحده نقدر أن نفلت من عقاب الله.

يؤمن المسيحيون بأن كل العالم يحتاج إلى سماع هذه الرسالة. حتى ولو كانت ثقافتنا تظن أن ما يُعلِّم به الكتاب المُقدَّس شديد التعصُّب، ضيِّق الأفق، وعتيق الطراز، إلا أننا نرفض أن نحتفظ به لأنفسنا.

لماذا؟

لأننا لا نريد أن يقضي الناس أبديَّتهم في الجحيم.

٨ توضيح

يطرح الساحر العالمي الشهير، والملحد المعروف، بِن جيليت (أحد مُقدِّمي برنامج بِن وتيلر) سؤالًا عظيمًا: «كم لديك من كراهية لشخص حتى لا تكرز له ببشارة الإنجيل؟ كم لديك من كراهية حتى تؤمن بأن الحياة الأبدية ممكنة ولا تخبره بذلك؟»[1]

يُعبِّر جيليت عن تلك النقطة التي نحاول أن نثبتها. إن كان الكتاب المُقدَّس صحيحًا (وهو كذلك بالفعل) إذن فهو **أهم أخبار لها صلة وثيقة بنا** في العالم، سواء كان شائعًا ومحبوبًا أم لا.

تَوَقَّف

هل تعرف أشخاصًا يظنون أن الكتاب المُقدَّس ليس له صلة بالعالم؟ ماذا تقول لهم الآن؟

رسالة الكتاب المُقدَّس الرئيسية رسالة خالدة وأبدية.

لم يسبق أن كانت حقائق الخطية والبر والدينونة الآتية حقائق شائعة ومحبوبة. لم يُرحِّب البشر أبدًا بالرسالة التي تقول إنهم خطاة مذنبون. لكنهم بحاجة إلى سماع الحق، سواء كان محبوبًا أم لا. عدم إخبارهم يُعَد عملًا نابعًا من الكراهية.

---

1 https://www.thegospelcoalition.org/blogs/justin-taylor/how-much-do-you-have-to-hate-somebody-to-not-proselytize/ 18/12/2018.

القضايا الكبرى

لا يجلب لنا الكتاب المُقدَّس حقًّا غير محبوب فقط، بل ذا صلة دائمًا. كما إنه يتكلم بوضوح عن الكثير من أسئلة الحياة الكبيرة. إنه يحوي أجوبة اللهُ عن أسئلة لما وُجدت بأي طريقة أخرى.

تَوَقَّف

لماذا أنا هنا؟ ما هو الهدف من الحياة؟

من نواحٍ عدَّة يُعَد هذا أهم سؤال في العالم. إن أطفأنا أجهزة التلفاز والحاسوب والتليفونات، وجلسنا في صمت وفكرنا في العالم الذي نعيش فيه، فسنسأل أنفسنا في النهاية «لماذا؟» من المحتمل أننا سوف نصارع لأجل الحصول على إجابة ذات معنى. تخبرنا العلوم الدنيوية والفلسفة بأنه لا يوجد معنى ولا قصد للحياة. إذ يقولون إننا جئنا من العدم وأننا ذاهبون إلى العدم. يُقال لنا إننا ظهرنا نتيجة انفجار كوني. كما يُقال لنا إن الحياة عبارة عن نُكْتة قاسية، حادثة حدثت بالصدفة، والموت هو النهاية.

ولكن في أعماقنا **نعرف** أن الحياة

أثمن من أن تكون بلا معنى،

نعرف أن الكون

أعْقَد من أن يكون وجوده صدفة،

ونعرف أن العالم

أجمل من أن يكون بلا قصد.

إننا نجد إجابات ذات معنى ومغزى عن أعمق أسئلتنا فقط داخل صفحات الكتاب المُقدَّس.

يبدأ الكتاب المُقدَّس بحقيقة بسيطة تقول:

«**فِي الْبَدْءِ خَلَقَ اللهُ السَّمَاوَاتِ وَالأَرْضَ**». (تكوين ١: ١)

هذه العبارة تعني أن الكون وكل شيء فيه، بما في ذلك نحن، موجود لسبب مُعيَّن. وهذا يعني أن لنا قيمة وقصد، نحن هنا لسببٍ ما. يعطينا إشعياء ٤٣: ٧ هذا السبب: «**بِكُلِّ مَنْ دُعِيَ بِاسْمِي وَلِمَجْدِي خَلَقْتُهُ وَجَبَلْتُهُ وَصَنَعْتُهُ**». **نحن مخلوقون لمجد الله.** هذه عبارة غريبة ولكنها، بصفة أساسية، تعني أننا مخلوقون لنعكس

روعة،

وقداسة،

وبر،

وجمال،

ومحبة،

سحر خالقنا.

تَوَقَّف

إن كان كل هذا صحيحًا، إذن فلماذا يوجد كل هذا الألم في العالم؟

لا شيء يجعلنا نسأل «لماذا؟» مثل الألم والمعاناة.

سوف يسأل بعض الناس كيف يمكن لإلهٍ صالحٍ أن يسمح بحدوث الألم والمعاناة؟ إنهم يظنون أن وجود الألم ينبغي أن يعني عدم وجود اللهُ. يقول سي. إس. لويس (كاتب ألمعي متوقِّي) هذا: «يمكننا أن نتجاهل حتى المتعة. ولكن يصر الألم على أن ننتبه له. يهمس لنا اللهُ في مسرَّاتنا، ويتكلم في ضمائرنا، ولكنه يصرخ في آلامنا: فهو بوقه الذي يستخدمه ليوقظ عالمًا أصَم».[٢]

عندما نرى الألم نسأل لماذا، لأننا نعرف في أعماق نفوسنا أن هناك شيئًا خطأ في الأمر. إننا نعرف غريزيًّا أنه لا يُفترض بالحياة أن تكون بهذه الصورة. عندما نرى الأشرار يفلتون بأفعالهم الشريرة أو نسمع عن جرائم رهيبة في نشرات الأخبار، نصرخ طالبين العدل لأننا نعرف في أعماقنا أنه ينبغي ألا يفلت الشر دون عقاب. نشعر بهذه المشاعر لأننا **خُلقنا على صورة اللهُ.**

يشرح لنا الكتاب المُقدَّس

لماذا يوجد ألم.

أنه في يومٍ ما سوف يتم تحقيق عدل اللهُ بصورة أبدية ثابتة.

حقيقة العذاب الأبدي.

---

2 C. S. Lewis, *The Problem of Pain*: London, Harper Collins, 2002, 91.

كيف نهرب من دينونة الله من خلال عمل يسوع المسيح الكامل.

الألم موجود بسبب التمرُّد الخاطئ الذي قام به البشر على خالقنا. لقد خُلقنا لكي نسود على العالم، ولكن تمرُّدنا جلب الموت والانحلال إلى العالم.

«إِذْ أُخْضِعَتِ الْخَلِيقَةُ لِلْبُطْلِ لَيْسَ طَوْعًا، بَلْ مِنْ أَجْلِ الَّذِي أَخْضَعَهَا عَلَى الرَّجَاءِ. لأَنَّ الْخَلِيقَةَ نَفْسَهَا أَيْضًا سَتُعْتَقُ مِنْ عُبُودِيَّةِ الْفَسَادِ إِلَى حُرِّيَّةِ مَجْدِ أَوْلاَدِ اللهِ».
(رومية ٨: ٢٠-٢١)

توضِّح لنا هذه الآيات أنه على الرغم من أن العالم مُحطَّم، وليس كما ينبغي أن يكون عليه، إلا أنه سيأتي يوم فيه يُجعل جديدًا ويُحرَّر من قوى الانحلال وواقع الموت.

عندما **يعود يسوع** سوف يكمِّل الذين يتَّكلون عليه وسوف يكمِّل هذا العالم و**سوف نحصل على فرصة الحياة معه إلى الأبد** في عالم من الفرح والنعيم.

سوف يكون هذا اليوم الأخير كعلامة فاصلة تُمثِّل **نهاية الشر** ولن يكون هناك **ظلم** فيما بعد. كل ما نظن أنه تم التستُّر عليه سوف إخراجه إلى النور، وسيعمل ملك الكون كقاضٍ بار وسوف يتحقَّق عدله إلى الأبد. في سفر الرؤيا، يعطينا الرسول يوحنا لمحة عن هذا اليوم الأخير بينما يكتب قائلًا:

«ثُمَّ رَأَيْتُ عَرْشًا عَظِيمًا أَبْيَضَ، وَالْجَالِسَ عَلَيْهِ، الَّذِي مِنْ وَجْهِهِ هَرَبَتِ الأَرْضُ وَالسَّمَاءُ، وَلَمْ يُوجَدْ لَهُمَا مَوْضِعٌ! وَرَأَيْتُ الأَمْوَاتَ صِغَارًا وَكِبَارًا وَاقِفِينَ أَمَامَ اللهِ، وَانْفَتَحَتْ أَسْفَارٌ، وَانْفَتَحَ سِفْرٌ آخَرُ هُوَ سِفْرُ الْحَيَاةِ، وَدِينَ الأَمْوَاتُ مِمَّا هُوَ مَكْتُوبٌ فِي الأَسْفَارِ بِحَسَبِ أَعْمَالِهِمْ. وَسَلَّمَ الْبَحْرُ الأَمْوَاتَ الَّذِينَ فِيهِ، وَسَلَّمَ الْمَوْتُ وَالْهَاوِيَةُ الأَمْوَاتَ الَّذِينَ فِيهِمَا. وَدِينُوا كُلُّ وَاحِدٍ بِحَسَبِ أَعْمَالِهِ. وَطُرِحَ الْمَوْتُ وَالْهَاوِيَةُ فِي بُحَيْرَةِ النَّارِ. هذَا هُوَ الْمَوْتُ الثَّانِي. وَكُلُّ مَنْ لَمْ يُوجَدْ مَكْتُوبًا فِي سِفْرِ الْحَيَاةِ طُرِحَ فِي بُحَيْرَةِ النَّارِ». (رؤيا ٢٠: ١١-١٥)

تخبرنا **رؤيا ١٣: ٨** المزيد عن سفر الحياة، حيث تصفه بأنه «**سِفْرِ حَيَاةِ الْخَرُوفِ الَّذِي ذُبِحَ**». وهذا يعني أن أي شخص يتَّكل على يسوع ويتبعه سوف يُخلَّص.

للشر تاريخ انتهاء لصلاحيته. **سوف يعود يسوع في يومٍ ما،** وفي هذا اليوم **سوف يصل كل الشر إلى نهايته،** ومن يحبون الشر ويرفضون يسوع سوف يُطرحون في الجحيم إلى الأبد. ما من شيء في عالمنا له صلة بنا أكثر من هذه الأخبار!

مُلخَّص

الكتاب المُقدَّس هو أكثر كتاب له صلة بنا في العالم. في الكتاب المُقدَّس فقط نجد الإجابات عن أسئلة حياتنا العميقة. ولكن، سوف يتحدَّى الكتاب المُقدَّس معتقداتنا وأخلاقياتنا، ولكن لا تخلط هذا مع فكرة أنه قد جار عليه الزمن وأنه ليس له صلة بنا. فالحق الذي فيه يظل هو الحق على مر الأجيال، سواء ما إذا كان شائعًا ومحبوبًا أم لا.

آيات للحفظ

«كَمَا أَنَّ قُدْرَتَهُ الإِلهِيَّةَ قَدْ وَهَبَتْ لَنَا كُلَّ مَا هُوَ لِلْحَيَاةِ وَالتَّقْوَى، بِمَعْرِفَةِ الَّذِي دَعَانَا بِالْمَجْدِ وَالْفَضِيلَةِ». (٢ بطرس ١: ٣)

ما المقصود؟

يسوع متسامي
حقًّا وينبغي
أن نتّكل عليه
للخلاص.

٨ - كيف يشير الكتاب المُقدَّس إلى يسوع؟

الكتاب المُقدَّس كله يتكلم عن يسوع

تَوَقَّف

سألت رينيه: «كيف يمكن أن يكون هذا؟ فيسوع لم يظهر إلا في العهد الجديد».

ماذا رأيك؟ هل تتَّفق مع رينيه؟

دعنا نلقي نظرة على العبرانيين ١: ١-٣.

«اَللهُ، بَعْدَ مَا كَلَّمَ الآبَاءَ بِالأَنْبِيَاءِ قَدِيمًا، بِأَنْوَاعٍ وَطُرُقٍ كَثِيرَةٍ، كَلَّمَنَا فِي هذِهِ الأَيَّامِ الأَخِيرَةِ فِي ابْنِهِ، الَّذِي جَعَلَهُ وَارِثًا لِكُلِّ شَيْءٍ، الَّذِي بِهِ أَيْضًا عَمِلَ الْعَالَمِينَ، الَّذِي، وَهُوَ بَهَاءُ مَجْدِهِ، وَرَسْمُ جَوْهَرِهِ، وَحَامِلٌ كُلَّ الأَشْيَاءِ بِكَلِمَةِ قُدْرَتِهِ، بَعْدَ مَا صَنَعَ بِنَفْسِهِ تَطْهِيرًا لِخَطَايَانَا، جَلَسَ فِي يَمِينِ الْعَظَمَةِ فِي الأَعَالِي».
(العبرانيين ١: ١-٣)

تبدأ هذه الآيات من الرسالة إلى العبرانيين بتقسيم التاريخ إلى جزئين: **قديمًا، وهذه الأيام الأخيرة**. هناك طريقة سهلة لتعقُّب هاتين الفترتين الزمنيتين وهي من خلال جزئي الكتاب المُقدَّس، وهما:

العهدان القديم والجديد.

يبدأ كاتب الرسالة إلى العبرانيين بتذكير قُرَّاءه بأن اللهُ كان يتواصل في رأفته ويعلن نفسه لشعبه لآلاف السنوات. تتكلم العبارة التي تقول «بِأَنْوَاعٍ وَطُرُق كَثِيرَةٍ» عن الأسفار والكُتَّاب المختلفين في العهد القديم.

أما عبارة «**الأَيَّامِ الأَخِيرَةِ**» فتتكلم عن الأيام التي تتميَّز بمجيء ابن اللهُ يسوع. هذه الآيات من الإصحاح الأول من الرسالة إلى العبرانيين تخبرنا بأن يسوع هو الموضوع الرئيسي لكل الكتاب المُقدَّس وأنه هو وارث كل الأشياء. دعنا نأخذ الباقي من هذا الفصل في التفكير في هذا.

يسوع هو وارث كل الأشياء.

تَوَقَّف

في رأيك ما معنى كلمة «وارث»؟

تعني عبارة «**وَارِثًا لِكُلِّ شَيْءٍ**» أن

يسوع هو من يملك كل شيء في النهاية.

هو من سيرث كل شيء في نهاية الزمان.

وهذا يشمل كل واحد منا.

رينيه

تقول رينيه: «انتظر لحظة صغيرة الآن. يسوع يمتلكني؟ لا أحد يمتلكني، ولا حتى راندي!» ماذا تقول لرينيه في هذا الشأن؟

ينبغي أن نفهم أن **يسوع** هو مالك ووارث كل شيء

وكل شخص موجود،

أو سوف يوجد،

أو سبق وكان موجودًا.

ولكن هناك المزيد.

يسوع هو إعلان اللهُ الكامل والنهائي

الابن هو «**بَهَاءُ مَجْدِهِ، وَرَسْمُ جَوْهَرِهِ**» (العبرانيين ١: ٣).

هذه آية يمكن أن تبدو غريبة إلى حدٍ ما في البداية. ولكن، يخبرنا الكاتب أن يسوع، ابن اللهُ، هو إعلان اللهُ الكامل والتام والنهائي. يسوع هو صورة طبق الأصل لله الآب. هذا هو ما يقصده الكاتب بقوله: «رَسْمُ جَوْهَرِهِ».

منذ بداية هذا الكتاب كنا نقول إن الكتاب المُقدَّس موجود لأن اللهُ يرغب في أن يعلن عن نفسه لنا. إنه يريدنا أن نعرف كيف يبدو وماذا فعل. لاحظنا عند بداية الكتاب أنه إله مُتكلِّم. لقد تكلم بكل وضوح من خلال ابنه.

يسوع ابن اللهُ هو

الأقنوم الثاني في اللهُ الثالوث

وقد **أصبح إنسانًا**

لكي

يرينا اللهُ

ويُخلِّصنا من **خطيتنا.**

في يوحنا ١، يشرح لنا الرسول يوحنا الأمر على هذا النحو:

«**اَللهُ لَمْ يَرَهُ أَحَدٌ قَطُّ. اَلابْنُ الْوَحِيدُ الَّذِي هُوَ فِي حِضْنِ الآبِ هُوَ خَبَّرَ**». (يوحنا ١: ١٨)

إن أردنا أن نعرف كيف يبدو اللهُ، نحتاج أن **ننظر إلى يسوع الناصري.**

تَوَقَّف

قد تبدو كلمة إعلان غريبة علينا. في رأيك ما معنى أن يسوع هو إعلان اللهُ الكامل؟

يتكلم الكتاب المُقدَّس بيقين مطلق عن هذه الحقيقة: يسوع هو المُخلِّص الواحد والوحيد للخطاة. لا نقدر أن نرفض اللهُ ونظن أنه سوف يعطينا طريقة أخرى لنخلص بها من غضبه. نحن إما أن

نكون في فريق يسوع أو أننا تحت غضبه. لا يوجد طريق ثالث. إنْ رَفَضنا الرب يسوع بينما نحن على قيد الحياة هنا على الأرض، فسوف يرفضنا عندما نلتقي به في الموت.

تَوَقَّف

ما هو موقفك من إنجيل يسوع؟ إن كنت لا تتّكل على يسوع لتحصل على غفران لخطاياك، إذن فعلى أي شيء تتّكل؟

يكتب الرسول بولس قائلًا:

«لأَنَّهُ يُوجَدُ إِلهٌ وَاحِدٌ وَوَسِيطٌ وَاحِدٌ بَيْنَ اللهِ وَالنَّاسِ: الإِنْسَانُ يَسُوعُ الْمَسِيحُ، الَّذِي بَذَلَ نَفْسَهُ فِدْيَةً لأَجْلِ الْجَمِيعِ، الشَّهَادَةُ فِي أَوْقَاتِهَا الْخَاصَّةِ». (١ تيموثاوس ٢: ٥-٦)

تَوَقَّف

هذا أمر في غاية الخطورة. لا شيء أكثر أهمية في العالم الآن من هذا. إن لم نقف في صف يسوع، فسيكون مصيرنا هو الجحيم. إن كنت مسيحيًا، خذ وقتًا الآن إذن وصَلِّ لأجل أرواح عائلتك وأصدقائك.

في سفر الرؤيا يخبر يسوع يوحنا بهذا في رؤيا ١: ٨: **«أَنَا هُوَ الأَلِفُ وَالْيَاءُ، الْبِدَايَةُ وَالنِّهَايَةُ» يَقُولُ الرَّبُّ الْكَائِنُ وَالَّذِي كَانَ وَالَّذِي يَأْتِي، الْقَادِرُ عَلَى كُلِّ شَيْءٍ».**

ولكن هناك المزيد لنعرفه عن يسوع.

يسوع هو الخالق

«الَّذِي جَعَلَهُ وَارِثًا لِكُلِّ شَيْءٍ، الَّذِي بِهِ أَيْضًا عَمِلَ الْعَالَمِينَ». (العبرانيين ١: ٢)

يسوع هو خالق الكون. **كل شيء** جاء إلى الوجود بقدرته. يبدأ الرسول يوحنا روايته لخدمة يسوع الأرضية بهذه الكلمات:

«فِي الْبَدْءِ كَانَ الْكَلِمَةُ، وَالْكَلِمَةُ كَانَ عِنْدَ اللهِ، وَكَانَ الْكَلِمَةُ اللهَ. هذَا كَانَ فِي الْبَدْءِ عِنْدَ اللهِ. كُلُّ شَيْءٍ بِهِ كَانَ، وَبِغَيْرِهِ لَمْ يَكُنْ شَيْءٌ مِمَّا كَانَ». (يوحنا ١: ١-٣)

يسوع هو

مُصمِّمنا

وهو خالقنا

ومالكنا.

توضيح

راندي هو ذلك النوع من الأشخاص الذي يلتقط الأشياء الخَرِبة من كل مكان ويصلحها. دائمًا ما تجد أجزاء وقطع صغيرة من مُحرِّكات قديمة وأجزاء من دراجات بخارية مُلقاة حول البيت. يجعل هذا رينيه غاضبة للغاية في بعض الأحيان. ذات ليلة، ظهر راندي وهو يجر دراجة بخارية صغيرة (سكوتر) قديمة ومُعطَّلة. كانت مغطاة بالصدأ ويبدو أنها كانت متروكة في الخارج لسنوات.

قالت رينيه وهي تصرخ عند الباب الأمامي للمنزل: «مستحيل أن تجلب هذا الشيء إلى البيت يا راندي!» فقال راندي: «اهدئي يا رينيه، إنها تبدو سيئة للغاية الآن ولكن انتظري فقط حتى أصلحها!» لم تكن رينيه مقتنعة. «حسنًا، لكنها ستبقى في الخارج. هذه مضيعة للمال في رأيي».

عمل راندي على السكوتر لمدة شهر، وببطء ولكن لا شك أنها بدأت تبدو أفضل وأفضل. لقد أنفق تقريبًا كل ساعة أمضاها مستيقظًا ليجعلها صالحة للسير على الطريق. كانت فخرًا له وسبب فرح أيضًا.

وذات يوم جاء واحد من أحفاد راندي يجري حول الحديقة ليراه. «يا جدي، يا جدي! يقول جاك العجوز إنك لم تدفع له مالًا كافيًا مقابل السكوتر، ويقول إنه سوف يرسل بعض الصبية ليأخذوه منك عنوة! امتلأ راندي غضبًا. لقد كان السكوتر ملكه. لقد أعاد بناءه من الخردة. وقد استرجع كل تفاصيله بصبر وحب. لقد وضع في المشروع دمه وعرقه ودموعه. لا يمكن أن يترك أي شخص يأخذه منه. لقد امتلكه بشكل عادل تمامًا.

نحب أن نفكر في أنفسنا بصفتنا سادة حياتنا ومصائرنا. ولكن في **الحقيقة**

نحن لسنا مِلكًا لأنفسنا.

نحن ننتمي لمن صنعنا.

الخالق هو من يضع القواعد لطريقة استخدام خليقته. إن تسائلنا يومًا عن كل هذه الوصايا الموجودة في الكتاب المُقدَّس، فهي شروط الله ومعاييره لاستخدام الكون الذي خلقه بواسطة ابنه.

يكتب الرسول بولس هذا: «**فَإِنَّهُ فِيهِ خُلِقَ الْكُلُّ: مَا فِي السَّمَاوَاتِ وَمَا عَلَى الأَرْضِ، مَا يُرَى وَمَا لاَ يُرَى، سَوَاءٌ كَانَ عُرُوشًا أَمْ سِيَادَاتٍ أَمْ رِيَاسَاتٍ أَمْ سَلاَطِينَ. الْكُلُّ بِهِ وَلَهُ قَدْ خُلِقَ**» (كولوسي ١: ١٦).

تخبرنا هذه الفقرة من الرسالة إلى أهل كولوسي بأن الكون وكل ما فيه لم يُخلق فحسب بواسطة يسوع، بل **قد خُلق لأجل يسوع**. إنه ملكه، وقد خُلق ليظهر مجده.

ولكن هناك المزيد بعد!

يسوع هو الحافظ.

«**الَّذِي، وَهُوَ بَهَاءُ مَجْدِهِ، وَرَسْمُ جَوْهَرِهِ، وَحَامِلٌ كُلَّ الأَشْيَاءِ بِكَلِمَةِ قُدْرَتِهِ**» (العبرانيين ١: ٣).

يسوع ليس فقط ابن الله الخالق ومالك كل شيء، هو أيضًا «**حَامِلٌ كُلَّ الأَشْيَاءِ بِكَلِمَةِ قُدْرَتِهِ**».

تَوَقَّف

فَكِّر في هذا بعناية. نحن نتنفس شهيقًا وزفيرًا ونقرأ هذا الكتاب لأن يسوع يحفظ وجودنا. قلوبنا تنبُض لأن يسوع يأمرها بذلك. الشمس تغرب وتشرق. والمد يعلو ويهبط. والأرض تدور حول نفسها وتدور حول الشمس. كل هذا بكلمة يسوع.

يُعبِّر جيري بريدجس عن الأمر بشكل جميل حيث يقول:

«يُعلِّمنا الكتاب المُقدَّس أنه كما أن ابن اللهُ كان وسيط الخلق وهو حافظ الخليقة الحالي، هكذا هو أيضًا وسيط عناية اللهُ. يسوع هو المسيطر بكل سيادة، ليس فقط على قوانين الطبيعة في الكون، بل وعلى كل الأحداث والظروف في الكون، بما في ذلك تلك التي تحدث لكل واحد منَّا. إن كان لديك طعام اليوم في خزانة مطبخك وثلاجتك، فهذا يرجع لعناية يسوع بك، كما كان الحال عند إطعام الخمسة آلاف».[1]

هذه ليست حقيقة مُعقَّدة، ولكن أحيانًا يصعب فهمها. **يسوع يتحكَّم حرفيًّا في كل شيء يحدث، إنه ملك الكون وصاحب السيادة.** الحقيقة البسيطة هي أننا لا نقدر أن نفعل أي شيء على الإطلاق بدونه. فهو يحمل الكون ويُدبِّر كل الأشياء لأجل مجد اللهُ وخير شعبه.

رينيه

قالت رينيه: «لا أعرف إن كان يمكنني تحمُّل المزيد. لقد كان الوضع صعبًا للغاية منذ أن فقد راندي عمله. لقد بدأنا للتو الوقوف على أرجلنا ثانية. إنني خائفة للغاية لئلَّا يُقرِّر التأمين الاجتماعي أننا قد اقترفنا جريمة احتيال خطيرة وينتهي بنا الحال في المحكمة. أعرف أنك تُذكِّرني باستمرار بأن اللّهُ مسيطر على كل شيء، ولكن الأمر حقًّا لا يبدو كذلك. ماذا لو انتهى بنا الأمر في السجن؟»

[1] Jerry Bridges: https://www.ligonier.org/learn/articles/providence-jesus/ accessed December 17, 2018.

تَوَقَّف

كيف يمكنك أن تُذكّر رينيه بأن اللهَ مسيطر على كل تفاصيل حياتها؟ ماذا ستقول لها لو انتهى بها الحال في مواجهة محاكمة قضائية؟

هناك أمرٌ آخر نحتاج أن نعرفه عن يسوع.

يسوع هو فادينا

«بَعْدَ مَا صَنَعَ بِنَفْسِهِ تَطْهِيرًا لِخَطَايَانَا، جَلَسَ فِي يَمِينِ الْعَظَمَةِ فِي الأَعَالِي». (العبرانيين ١: ٣)

كما تعلَّمنا حتى الآن، نحن مثل آدم وحواء عندما يتعلق الأمر بطاعة اللهُ. إذ نختار **الخطية والذات والتمرُّد** على **طاعة اللهُ** ومطالبته بحق امتلاك حياتنا. نتيجة خطيتنا هي أننا تحت لعنة اللهُ، القدوس والعادل، البارة.

أُجرة الخطية هي موت.

ولأن الخطية جريمة نقترفها في حق إله ذا استحقاق وجمال لا نهائيين، بالتالي تستحق **عقابًا أبديًا في جهنم.**

ولكن، هناك **خبر سار.**

اللهُ، في نعمته وصلاحه اللا نهائيين، صنع طريقًا للخطاة الأشرار حتى يتفادوا الدينونة العادلة التي نستحقها.

لقد أرسل ابنه الواحد والوحيد إلى العالم.

لقد وُلد من عذراء إنسانًا كاملًا

ولكن دون أن تطاله عدوى خطيَّتنا وسقوطنا.

لقد فعل يسوع لأجلنا ما لم يقدر أي واحد منَّا أن يحقِّقه أبدًا.

لقد وفَّى المعايير المثالية التي طالب بها اللهُ.

لقد عاش يسوع حياة لم نَعِشها نحن،

كل ثانية من كل يوم.

لقد أطاع كل وصية من وصايا الناموس بشكل مثالي.

«**فَتَحْفَظُونَ فَرَائِضِي وَأَحْكَامِي، الَّتِي إِذَا فَعَلَهَا الإِنْسَانُ يَحْيَا بِهَا. أَنَا الرَّبُّ**». (لاويين ١٨: ٥)

فعل يسوع هذا ثم فعل شيئًا آخر مذهل جدًّا.

في أعظم تعبير عن النعمة والمحبة، ذهب يسوع إلى الصليب. على هذه الشجرة مات يسوع موتًا يستحقه كل من يؤمن به. لقد انسحق تحت حمو غضب اللهُ المُقدَّس. كتب النبي إشعياء هذه الكلمات عن العمل الذي سيعمله يسوع:

«**كُلُّنَا كَغَنَمٍ ضَلَلْنَا. مِلْنَا كُلُّ وَاحِدٍ إِلَى طَرِيقِهِ، وَالرَّبُّ وَضَعَ عَلَيْهِ إِثْمَ جَمِيعِنَا**». (إشعياء ٥٣: ٦)

ولكن، لم يقدر الموت أن يمسك به.

في اليوم الثالث،

قام يسوع من القبر

مُمجَّدًا

ومُنتصرًا على

إبليس، والخطية، والموت.

لقد حفظ اللهُ كلمته بأن البار سوف يحيا. كان يسوع أمينًا له وبالتالي فهو حيًّا! كما كانت قيامته البرهان على كل ما قاله عن نفسه، وعلى أن عمله الذي فدا به شعبه، كان مقبولًا لدى اللهُ الآب. لقد أُقيم للحياة لكي نحيا نحن. كل من يتَّكلون عليه للخلاص سيكونون يومًا ما **معه ومثله**.

تخبرنا العبرانيين ١: ٣ بأنه، «**بَعْدَ مَا صَنَعَ بِنَفْسِهِ تَطْهِيرًا لِخَطَايَانَا، جَلَسَ فِي يَمِينِ الْعَظَمَةِ فِي الأَعَالِي**». الآن، **يسوع جالس على عرش السماء**. إنه يسود على كل الأشياء، ويومًا ما:

سوف يعود ليجمع شعبه إلى ملكوته الكامل.

وسوف يدين من يستمرون في التمرُّد عليه.

وإلى أن يأتي ذلك اليوم، **يأمر** ملك السماء **كل الناس في كل مكان** أن **يتوبوا عن الخطية** وأن **يضعوا إيمانهم فيه للحياة الأبدية والنصرة على الخطية والموت**.

ولكن هناك المزيد. لم يَفدِ يسوع شعبه فقط من الخطية والموت، بل وفدى أيضًا كل الخليقة. وهنا نرى كيف يصف الرسول بولس هذا:

«لأَنَّ انْتِظَـارَ الْخَلِيقَـةِ يَتَوَقَّـعُ اسْـتِعْلاَنَ أَبْنَـاءِ اللهِ. إِذْ أُخْضِعَتِ الْخَلِيقَةُ لِلْبُطْلِ لَيْسَ طَوْعًـا، بَلْ مِـنْ أَجْلِ الَّـذِي أَخْضَعَهَـا عَلَـى الرَّجَـاءِ. لأَنَّ الْخَلِيقَـةَ نَفْسَـهَا أَيْضًـا سَتُعْتَقُ مِـنْ عُبُودِيَّـةِ الْفَسَـادِ إِلَـى حُرِّيَّـةِ مَجْدِ أَوْلاَدِ اللهِ». (رومية ٨: ١٩-٢١)

سمح يسوع للكون بأن يأتي تحت البُطل لكي ما ننظر إليه طالبين الخلاص.

عندما يعود يسوع سوف يصبح الكون كاملًا، وخاليًا من عبودية الفساد والانحلال.

مُلخَّص

يتعلق الكتاب المُقدَّس كله بيسوع. وليس هذا فقط، بل ولقد كتب هو بنفسه القصة. فهو اللهُ الابن، الأقنوم الثاني في الثالوث، وهو خالق كل الأشياء، ويحمل كل الأشياء، وفدى كل الأشياء، وهو وارث كل الأشياء. **يسوع هو الملك الأبدي للملكوت الأبدي**. يومًا ما سوف يشق يسوع السماوات وسوف تراه كل عين، وسوف تسجد له كل ركبة. إن كنا قد اتكلنا عليه في حياتنا الأرضية، فسوف نكون آمنين ومطمئنين في مجدٍ سماويٍّ مستقبلي.

ولكن، إن اخترنا أن نتجاهله، وننكره ونحيا في تمرُّد عليه، عندئذ سنكون في مشكلة كبيرة جدًّا. يخبرنا رؤيا ١٤: ١٠-١١ أن كل من لا يؤمن، **«فَهُوَ أَيْضًا سَيَشْرَبُ مِنْ خَمْرِ غَضَبِ اللهِ، الْمَصْبُوبِ صِرْفًا فِي كَأْسِ غَضَبِهِ، وَيُعَذَّبُ بِنَارٍ وَكِبْرِيتٍ أَمَامَ الْمَلاَئِكَةِ الْقِدِّيسِينَ وَأَمَامَ الْخَرُوفِ. وَيَصْعَدُ دُخَانُ عَذَابِهِمْ إِلَى أَبَدِ الآبِدِينَ».**

اليوم هو يوم الاتِّكال الكامل على كلمة الله، يسوع الملك وحده. تعتمد أرواحنا الأبدية عليه.

رينيه

كانت رينيه تشعر بالقلق إذ كانت جالسة في عيادة الجراحة تنتظر أن يدعو الطبيب اسمها، ولكنه لم يكن شعورًا غامرًا بالرعب كما كان معتادًا. سألت نفسها: «اختبار دم غير طبيعي، ما معنى هذا؟»

قبل أن تصبح مسيحية كان شيء مثل هذا ليلتهمها قلقًا. كانت لتفكر وتتخيل الأسوأ، بل كانت تخشى الذهاب إلى الطبيب على الإطلاق. كانت قد فكرت في إخبار راندي عن اختبار الدم ولكن، لسببٍ ما، لم تفعل. قالت لنفسها: «لا سبب لإقلاقنا نحن الاثنين». ولكنها تساءلت ما إذا كان سيستخدم هذا ضد الله كعذرٍ آخر لرفضه.

بدا الأمر كله مرهقًا جدًّا. لقد احتاجت إلى قوة من مكانٍ ما. مدَّت يدها وأخذت الكتاب المُقدَّس وفتحته على قراءة الخلوة الخاصة باليوم. وإذ قرأته شعرت بأن الكلمات كانت تتكلم فقط إليها. فذكَّرَتها من هو اللهُ، وأنه كان مسيطرًا على الموقف، وأن اللهُ يعرف ما يفعله – حتى في الأوقات الصعبة. تذكرت التأنِّي بينما كانت تفكر في داخلها: «كلمة اللهُ صادقة ويمكنني أن أثق به». لم يبدُ أن لديها الكلمات المناسبة للصلاة، لكنها أخبرت اللهُ ببساطة بما يجري في داخلها. وإذ انهمرت دموعها على وجهها عرفت أن اللهُ حقيقي، وأن كلمته صحيحة تمامًا، وأن أيًّا كان ما سيقوله الطبيب، سيكون اللهُ حاضرًا دائمًا.

جَلَسَت تفكر في آية الحفظ ... «**وَلكِنَّنَا فِي هذِهِ جَمِيعِهَا يَعْظُمُ انْتِصَارُنَا بِالَّذِي أَحَبَّنَا**» (رومية ٨: ٣٧).

التفتت رينيه للصوت الذي نادى اسمها من الباب المفتوح، ولكنها عَلِمت أنها لم تكُن في هذا بمفردها ...

IX 9Marks

الخطوات العشر الأولى

هذه السلسلة من الكتب الدراسية للتلمذة والتعليم الكتابي، من سلسلة الخطوات العشر الأولى لـ 9Marks، مُصمَّمة لتساعدك على التفكير بعمق في بعض الأسئلة المهمة في الحياة.

١ ـ **اللهُ:** هل هو موجود؟

٢ ـ **الحرب:** لماذا أصبحت الحياة أكثر صعوبة؟

٣ ـ **الأصوات:** لمن أُنصت؟

٤ ـ **الكتاب المُقدَّس:** هل يمكننا أن نثق به؟

٥ ـ **آمِن:** ماذا ينبغي أن أعرف؟

٦ ـ **الشخصية:** كيف أتغيَّر؟

٧ ـ **التدريب:** كيف أعيش وأنمو؟

٨ ـ **الكنيسة:** هل ينبغي عليَّ أن اذهب إليها؟

٩ ـ **العلاقات:** كيف أُصحِّح الأمور؟

١٠ ـ **الخدمة:** كيف أعطي مقابل ما أخذت؟

IX 9Marks سلسلة بناء الكنائس الصحيحة

هل تنعمُ كنيستك بالصحَّة؟

تهدفُ هيئة "9Marks" لتزويد قادة الكنائس بمصادر كتابيَّة وعمليَّة، لإظهار مجد الله للأمم من خلال الكنائس الصحيحة.

من أجل هذا الهدف نريد أن نساعد الكنائس على النموِّ في العلامات التسع للصحَّة، والتي كثيرًا ما يتمُّ إغفالها:

١. الوعظ التفسيريّ
٢. اللاهوت الكتابيّ
٣. الفهم الكتابيّ لبشارة الإنجيل
٤. الفهم الكتابيّ للاهتداء
٥. الفهم الكتابيّ للكرازة
٦. العضويَّة الكنسيَّة
٧. التأديب الكنسيّ الكتابيّ
٨. التلمذة الكتابيَّة
٩. القيادة الكنسيَّة الكتابيَّة

نكتبُ في "9Marks" مقالاتٍ، وكتبًا، وتقييماتٍ لكتب، كما نُصدرُ مجلّةً إلكترونيَّة، وأيضًا نعقدُ مؤتمراتٍ، ونقومُ بتسجيل مقابلاتٍ وننتج مصادر أخرى لتمكين الكنائس من إظهار مجد الله.

قم بزيارة موقعنا الإلكترونيِّ لتجد محتوىً بأكثر من ٣٠ لغة، كما يمكنك تسجيل دخولك على موقعنا لتحصل على مجلَّتنا الإلكترونيَّة المجانيَّة. يمكنك أن تجد قائمة بمواقعنا الأخرى الخاصَّة بلغات مختلفة على هذا الرابط: 9marks.org/about/international-efforts/.

9Marks.org

20schemes
Gospel Churches for Scotland's Poorest

توجد خدمة 20schemes لتأتي برجاء الإنجيل إلى أفقر مجتمعات إسكتلندا من خلال تنشيط وزرع كنائس صحيحة تعظ بالإنجيل، ويقودها في النهاية جيل المستقبل من قادة الكنيسة المحلية.

«إن كنّا سنرى حقًّا اختلافًا في حياة السكّان في أفقر مجتمعاتنا، فعلينا أن نقبل بسرور استراتيجية جذرية وطويلة المدى تأتي برجاء الإنجيل إلى آلاف لا يُعدُّون ولا يُحصون».

ميز مكونيل، مدير الخدمة

نؤمن أن بناء كنائس صحيحة في أفقر مجتمعات إسكتلندا سوف يجلب تجديدًا حقيقيًّا ودائمًا وطويل المدى إلى حياة أشخاص لا يُحصون.

الاحتياج مُلِح

تعلَّم المزيد عن عملنا وكيفية المشاركة معنا من:

20chemes.com
Twitter.com/20schemes
Facebook.com/20schemes
Instagram.com/20schemes

مطبوعات Christian Focus

رسالتنا

البقاء أمناء

بالاعتماد على اللهُ نسعى إلى إحداث تأثير في العالم من خلال منتجات أدبية أمينة لكلمته المعصومة، الكتاب المُقدَّس. هدفنا هو ضمان تقديم الرب يسوع المسيح بصفته الرجاء الوحيد للحصول على غفران الخطية، وعيش حياة نافعة والتطلع للسكن في السماء معه.

كتبنا مطبوعة من خلال أربعة ناشرين:

Christian Focus

أعمال منتشرة تضم السِيَر الذاتية، والتفاسير، والعقائد الأساسية، والحياة المسيحية.

Christian Heritage

كتب تُقدِّم بعضًا من أفضل المواد من إرث الكنيسة الغني.

Mentor

كتب مكتوبة على مستوى مناسب لطلبة كليات اللاهوت والكتاب المُقدَّس والرعاة والقُرَّاء الجادين. تشمل المطبوعات تفاسير، ودراسات في العقيدة، وفحص للمشاكل الحالية، وتاريخ الكنيسة.

C F 4.K

كتب للأطفال للتعليم المسيحي الجيِّد ولكل المجموعات العمرية: مناهج لمدارس الأحد، كتب، بازل، وأنشطة؛ وعناوين خاصة بالدراسة التعبُّدية العائلية والشخصية، سِيَر وقصص ملهمة – لأنك لست أصغر من أن تعرف يسوع!

ذهن جديد

رسالتنا: نحن خدمة تعليمية هدفها تجديد الذهن وتثبيت وتأصيل المؤمنين في كلمة اللهُ المُقدَّسة وتقديم خدمة المشورة الفردية والأسرية بهدف الاسترداد الكتابي لمجد اللهُ والرب يسوع المسيح.

للتواصل معنا

WhatsApp +201211583580 - +201210150752

Social Media: https://www.facebook.com/mashoraketabyya

https://t.me/zehngadiid

https://twitter.com/zehngadid?s=09

Website: www.zehngadid.org

Email: info@zehngadid.org